Globalisierungsgestaltung und internationale Übereinkommen

Armin Frey · Thomas Jäger
Dirk Messner · Manfred Fischedick
Thomas Hartmann-Wendels (Hrsg.)

Globalisierungsgestaltung und internationale Übereinkommen

Herausgeber
Armin Frey
Köln, Deutschland

Manfred Fischedick
Wuppertal, Deutschland

Thomas Jäger
Köln, Deutschland

Thomas Hartmann-Wendels
Köln, Deutschland

Dirk Messner
Bonn, Deutschland

Gedruckt mit freundlicher Unterstützung der Fritz Thyssen Stiftung, Köln, Deutschland.

Fritz Thyssen Stiftung
für Wissenschaftsförderung

ISBN 978-3-658-03659-1
DOI 10.1007/978-3-658-03660-7

ISBN 978-3-658-03660-7 (eBook)

Die Deutsche Nationalbibliothek verzeichnet diese Publikation in der Deutschen Nationalbibliografie; detaillierte bibliografische Daten sind im Internet über http://dnb.d-nb.de abrufbar.

Springer VS
© Springer Fachmedien Wiesbaden 2014
Das Werk einschließlich aller seiner Teile ist urheberrechtlich geschützt. Jede Verwertung, die nicht ausdrücklich vom Urheberrechtsgesetz zugelassen ist, bedarf der vorherigen Zustimmung des Verlags. Das gilt insbesondere für Vervielfältigungen, Bearbeitungen, Übersetzungen, Mikroverfilmungen und die Einspeicherung und Verarbeitung in elektronischen Systemen.

Die Wiedergabe von Gebrauchsnamen, Handelsnamen, Warenbezeichnungen usw. in diesem Werk berechtigt auch ohne besondere Kennzeichnung nicht zu der Annahme, dass solche Namen im Sinne der Warenzeichen- und Markenschutz-Gesetzgebung als frei zu betrachten wären und daher von jedermann benutzt werden dürften.

Lektorat: Verena Metzger, Monika Mülhausen

Gedruckt auf säurefreiem und chlorfrei gebleichtem Papier

Springer VS ist eine Marke von Springer DE. Springer DE ist Teil der Fachverlagsgruppe Springer Science+Business Media.
www.springer-vs.de

Geleitwort des Schirmherrn

Ernst Ulrich von Weizsäcker

Co-Chair, International Resource Panel (UNEP) und Co-Präsident, Club of Rome

Für die Veranstaltungsreihe „Gestaltung der Globalisierung mit Hilfe von internationalen Übereinkommen" der SK-Stiftung CSC – Cologne Science Center und der Fritz Thyssen Stiftung habe ich gerne die Schirmherrschaft übernommen. Die Ergebnisse der Veranstaltungen, die in diesem Band vorliegen, zeigen, wie wichtig Austausch und Diskussion gerade bei den aktuellen Herausforderungen der Globalisierung sind. Deshalb danke ich der SK-Stiftung CSC – Cologne Science Center für die Initiierung und die Durchführung der Veranstaltungsreihe sowie der Fritz Thyssen Stiftung und deren Vorstand, Herrn Jürgen Chr. Regge, für die finanzielle Unterstützung.

Beim Erdgipfel von Rio de Janeiro im Jahr 1992 wurde mit großem Elan die Grundlage für einen internationalen rechtlichen Rahmen für nachhaltiges und klimaverträgliches Wirtschaften gelegt. Die Klimarahmenkonvention, die Biodiversitätskonvention, die Agenda 21 und die Rio-Prinzipien wurden beschlossen. Etwas halbherziger kamen später das Kioto-Protokoll, die Millenniumserklärung der Vereinten Nationen und das Nagoya-Protokoll gegen Biopiraterie hinzu. Jedoch erlahmte der Elan von Rio unter dem Druck des globalisierten ökonomischen Wettbewerbs zusehends: Kurzfristiges Wirtschaftsdenken sticht langfristiges Umweltdenken.

Die eleganteste und wirksamste Lösung für diesen Konflikt wäre eine Entkoppelung des Wirtschaftserfolges von Naturverbrauch und Treibhausgasemissionen. Dann kann jeder mit gutem Gewissen seinen Wirtschaftserfolg suchen – und zugleich Natur und Klima schonen. Das ist die Grundmelodie der Arbeiten des Internationalen Ressourcenpanels des UN-Umweltprogramms UNEP sowie der neueren Arbeiten des Club of Rome. Die Berichte an den Club of Rome *„Building the Blue Economy"* sowie „Faktor Fünf" zeigen vielversprechende

Wege auf, wie diese Entkoppelung funktionieren und wie sie politisch herbeizuführen wäre. Jedoch ist klar: Ohne eine vernünftige internationale Koordination – am besten mit Hilfe von internationalen Übereinkommen – werden solche Wege kaum beschritten.

Auch die Lösung der Finanzkrise – heute vor allem der Staatsschuldenkrise verlangt –internationale Koordination. Die leichtsinnige nationale und internationale Deregulierung der Finanzmärkte war ein Fehler. Sie führte dazu, dass alsbald die starken Akteure der Finanzmärkte anfingen, die Staaten zu erpressen – nach dem Motto: „Senkt die Steuern, kappt den Sozialstaat, räumt uns Investoren alle Hindernisse weg, dann kommen wir – und Euch geht's gut". Die Realität war der Finanzkollaps von 2008. Aus der Finanzwelt selbst verschuldet, nicht etwa vom Staat. Aber dann die erneute Erpressung: „Rettet jetzt erst mal mit staatlichem Steuergeld die systemrelevanten Finanzinstitute, sonst wird alles nur noch schlimmer". Das ungefähr war die Abfolge, die zur Staatsschuldenkrise führte. Und nun fehlt den Staaten das Geld für Langfristinvestitionen, für welche der Privatsektor weder ein Mandat noch ein Motiv hat.

Gewiss gibt es neuerdings positive Anzeichen und Ansätze. Der Kampf gegen Steuerhinterziehung und Steueroasen wird auf einmal ernsthaft betrieben. Und selbst in den USA, wo die Abneigung gegen internationale Übereinkommen am heftigsten ausgeprägt ist, nimmt die Erkenntnis zu, dass wir endlich wieder eine vernünftige Balance zwischen privaten und öffentlichen Interessen, zwischen kurzfristigem und langfristigem Denken brauchen. Aber die Hausaufgaben sind noch lange nicht gemacht – und die Nachfolgekonferenz „Rio+20" im Juni 2012 hatte im Vergleich zu 1992 absolut beschämend magere Ergebnisse.

Die SK-Stiftung CSC – Cologne Science Center, die Fritz Thyssen Stiftung, die Herausgeber und die Autoren greifen in dem vorliegenden Buch in vier Bereichen wesentliche Aspekte der Globalisierungsgestaltung auf. Daniela Kress gibt einen Überblick über zentrale Überlegungen eines rechtlichen Rahmens in unserer globalisierten Welt. Dieser reicht von den Anfängen einer Global Governance bis hin zu Weltverträgen und einem Weltvölkerrecht. Dies ist übrigens ein Themenfeld, dem sich der Koordinator unserer Veranstaltungsreihe, Herr Armin Frey, in seiner Dissertation an der Universität Duisburg-Essen gewidmet hat.

Axel Berger, Dirk Messner und Carmen Richerzhagen beleuchten die Entwicklungspolitik vor dem Hintergrund der zunehmenden Urbanisierung und erarbeiten sehr anschaulich Empfehlungen für eine klimafreundliche Ausgestaltung dieses Prozesses. Nicolas Kreibichs Beitrag zu Globalisierung und Klima zeigt mehrere vielversprechende Ansätze auf, wie trotz aller genannten Schwierigkeiten im Bereich des Klimaschutzes Fortschritte erzielt werden können. Thomas Hartmann-Wendels wendet sich schließlich dem extrem komplexen und gleichzeitig brisanten Thema der Finanzen zu. Er zeigt auf, was die Politik seit Ausbruch der Finanzkrise unternommen hat, um der Lage Herr zu werden und zukünftig ähnliche Katastrophen auszuschließen. Dabei weist er auch auf nach wie vor bestehende Schwachpunkte und zusätzlichen Handlungsbedarf hin.

Ich wünsche der SK-Stiftung CSC – Cologne Science Center und der Fritz Thyssen Stiftung einen möglichst langen Fortbestand ihrer Kooperation. Dem innovativen Ansatz ihrer Veranstaltungsreihe wünsche ich viel Erfolg als Plattform für die Diskussion vieler zukunftsrelevanter Themen mit Wissenschaftlern, Experten, Schülern und der interessierten Öffentlichkeit.

Emmendingen, 1. Juni 2013   Ernst Ulrich von Weizsäcker

Vorwort

Armin Frey

Mitherausgeber und ehemaliger Geschäftsführer der SK-Stiftung CSC – Cologne Science Center

Die Fritz Thyssen Stiftung ist der größte private Wissenschaftsförderer in Köln. Die SK-Stiftung CSC – Cologne Science Center widmet ihren Stiftungszweck der Vermittlung wissenschaftlicher Erkenntnisse und der Förderung von Erziehung und Bildung. Für die handelnden Personen wurde rasch klar, dass zwischen den beiden Institutionen eine Kooperation Sinn macht. Sie halten nun in Buchform das Ergebnis eines ersten Teils der Kooperation in Ihren Händen.

Nach der Eröffnung des Odysseum Köln im April 2009 hat die SK-Stiftung CSC – Cologne Science Center ein mehrteiliges Veranstaltungskonzept als wissenschaftliches Rahmenprogramm entwickelt. Ziel der Fachsymposienreihe ist es, Wissenschaftlern und Experten einen Rahmen für Diskussionen und Austausch zu bieten, sowie Schüler und die interessierte Öffentlichkeit an die Forschung und zukunftsweisende Themen heranzuführen. Die erste Veranstaltungsreihe in Kooperation mit der Fritz Thyssen Stiftung fand in den Jahren 2010 und 2011 im Kölner Odysseum statt.

Die insgesamt vier Fachsymposien waren dem Thema „Gestaltung der Globalisierung mit Hilfe von internationalen Übereinkommen" gewidmet. Für jedes Symposium wurde ein wissenschaftlicher Kooperationspartner gewonnen. Prof. Dr. Thomas Jäger vom Lehrstuhl für internationale Politik und Außenpolitik der Universität zu Köln begleitete das erste Symposium „Die Rolle von internationalen Übereinkommen in der internationalen Politik". Das zweite Symposium „Paradigmenwechsel in der Entwicklungspolitik – Verzahnung mit der Klimapolitik" wurde von Prof. Dr. Dirk Messner, Leiter des Deutschen Instituts für Entwicklungspolitik, begleitet. Prof. Dr.-Ing. Manfred Fischedick, Vizepräsident des Wuppertaler Instituts für Klima, Umwelt, Energie und Forschungsgruppenleiter, hat das dritte Symposium zum Thema „Kyoto 2.0" wissenschaftlich betreut. Das vierte Symposium „Das neue Gesicht der Regelungen im Finanzmarkt" wurde von Prof. Dr. Hartmann-Wendels, Direktor des Seminars für Allgemeine Betriebswirtschaftslehre und Bankbetriebslehre der Universität zu Köln, begleitet.

Die Tatsache, dass im Zeitalter der Globalisierung internationale Übereinkommen neben kulturellen, ethischen und religiösen Überzeugungen eine zentrale Rolle bei der Gestaltung unserer Zukunft spielen, leitete die Auswahl der Themen. Mit den Fachsymposien wollten wir diesen Zusammenhang näher beleuchten. Welche Herausforderungen bestehen im Detail? An welchen Stellschrauben muss gedreht werden? Wo bestehen Wissensdefizite?

Mit Hilfe eines interdisziplinären Ansatzes sollten sich die Experten gegenseitig bereichern sowie Schülern und der interessierten Öffentlichkeit einen Einblick in die Thematik geben. Gleichzeitig erhofften wir uns Input zu der Frage, worüber in den folgenden Jahren auf dem Gebiet der Globalisierungsgestaltung in der Öffentlichkeit diskutiert werden sollte. Die gewählten vier Themen erschienen uns als von zentraler Bedeutung für eine nachhaltige Entwicklung in unserer globalisierten Welt.

Jedes Symposium hatte drei Bestandteile: Im Zentrum stand ein eintägiges Expertentreffen, das am Abend seinen Ausklang in einer öffentlichen Podiumsdiskussion fand. Im Vorfeld und im Nachgang des Expertentreffens fand jeweils ein Schülertreffen statt. Im vorbereitenden Schülertreffen wurden die Schülerinnen und Schüler durch Mentoren in die Thematik eingeführt und konnten Fragen an die Experten formulieren. Die Antworten sollten den Schülerinnen und Schülern bei einem zweiten Treffen im Anschluss an die Veranstaltung durch die Mentoren zurückgemeldet werden. Zu unserer Überraschung und Freude zeigten die Schülerinnen und Schüler während der Veranstaltungen keinerlei Berührungsängste mit den Wissenschaftlern. Einige der Experten erklärten sich deshalb spontan bereit, selbst an den Schülertreffen teilzunehmen und mit den jungen Menschen zu diskutieren.

Das Konzept hat voll umfänglich funktioniert. Die wissenschaftlichen Kooperationspartner und die Schüler haben sehr schnell ihre Teilnahme zugesagt und von Lehrern wie Schülern kam gutes Feedback. Mit den Podiumsdiskussionen haben wir am Wissenschaftsstandort Köln ein weiteres interessantes Angebot schaffen können. Die wissenschaftlichen Kooperationspartner haben renommierte Teilnehmer für die Expertentreffen und zusätzliche Personen mit entsprechender Qualifikation für das jeweilige öffentliche Podium gewonnen. Die Podien wurden von der Öffentlichkeit gut angenommen.

Wir bedanken uns bei den wissenschaftlichen Kooperationspartnern, den Teilnehmern und Moderatoren der Podiumsdiskussionen, den Schülern und Lehrern sowie den Besuchern der Podiumsdiskussionen, die lebhaft mitdiskutiert haben. Sie haben die einzelnen Treffen mit großer Begeisterung verfolgt und den wissenschaftlichen Dialog belebt.

Spraitbach, 29. Juli 2013 Armin Frey

Inhalt

Ernst Ulrich von Weizsäcker
Geleitwort des Schirmherrn 5

Armin Frey
Vorwort 9

Daniela Kress
Internationale Übereinkommen als künftiges Herzstück einer Global Governance? Auf dem schwierigen Pfad zwischen Anspruch und Wirklichkeit 15

Axel Berger, Dirk Messner, Carmen Richerzhagen
Neue Paradigmen der Entwicklungspolitik: Urbanisierung im Zeitalter des Klimawandels 59

Nicolas Kreibich
Kyoto 2.0 – Global verhandeln, lokal voranschreiten? Die Bekämpfung des Klimawandels im globalen Treibhaus 99

Thomas Hartmann-Wendels
Das neue Gesicht der Regelungen im Finanzmarkt 133

Autoreninformationen 171

Internationale Übereinkommen als künftiges Herzstück einer Global Governance? Auf dem schwierigen Pfad zwischen Anspruch und Wirklichkeit

Daniela Kress

1 Einleitung

Schmelzende Pole, terroristische Anschläge, die internationale Finanzkrise, Flüchtlingsströme vor den Toren Europas, steigende Nahrungsmittel- und Ölpreise – immer mehr macht sich bemerkbar, welche Interdependenzen in einer immer schnelleren und immer stärker vernetzten Welt bestehen. Dabei gibt es grenzenlosen Wohlstand, hohe Beschäftigungsquoten und Überfluss an Waren und Nahrungsmitteln auf der einen, grenzenlose Armut, hohe Arbeitslosigkeit und Ernährungsunsicherheit auf der anderen Seite. Die Schere zwischen denen, die oft als Globalisierungsgewinner und denen, die als Globalisierungsverlierer bezeichnet werden, klafft global – aber auch vermehrt innerhalb einzelner Regionen und Gesellschaften – immer weiter auseinander. Das Gesamtbild aktueller Entwicklungen ist geprägt von einer Unübersichtlichkeit und Komplexität, die ihresgleichen suchen.

Unterdessen verhandeln Regierungsvertreter und Wirtschaftskonzerne aus aller Welt oft hinter verschlossenen Türen über die Ankurbelung von Wirtschaftswachstum, beschließt die EU mit großen Finanzinstitutionen über das Schicksal Griechenlands oder Zyperns und demonstrieren Nichtregierungsorganisationen und Zivilgesellschaft für den Atomausstieg und die Finanztransaktionssteuer. Das Ergebnis dieser Prozesse ist eine immer größere Anzahl internationaler und transnationaler Übereinkommen in immer mehr Problembereichen. Was da aussieht, wie viele einzelne Puzzleteile, lässt in historischer Betrachtung einige Muster erkennen, die darauf hindeuten, dass auch das Regieren im 21. Jahrhundert nicht mehr dasselbe ist, wie noch vor 100 Jahren. Der lange Zeit unantastbare Souveränitätsanspruch des Nationalstaates musste zugunsten neuer Akteure und neuer transnationaler Problemlösungsstrategien zurückgeschraubt werden. Mit dem Verschwimmen der Akteurs- und Zuständigkeitsgrenzen und der Zunahme internationaler Kooperation hat sich ein Prozess herausgebildet, hinter dem für immer mehr Autoren eine *Global Governance* steht. Doch was genau hat sich verändert? Wie sieht das neue Regieren im Kontext der Globalisierung aus und wie wird es seinen Aufgaben gerecht? Und welche Rolle spielen dabei internationale Übereinkommen?

Diese Fragen waren auch Gegenstand des Symposiums „Die Rolle von internationalen Übereinkommen in der internationalen Politik", das im Herbst 2010 von der SK Stiftung CSC in Zusammenarbeit mit dem Lehrstuhl für Internationale Politik und Außenpolitik der Universität zu Köln ausgetragen wurde. Die dort diskutierten historischen, gegenwärtigen bis zukunftsweisenden Perspektiven aus den Themenbereichen Rüstung, Welthandel, Gesundheit, Sozialpolitik, Klimapolitik, Medien und Völkerrecht gaben einen guten Einblick in die Vielseitigkeit und Komplexität internationaler Übereinkommen zu Zeiten der fortschreitenden Globalisierung.[1]

Ziel des vorliegenden Essays ist es nun, die Essenz des ersten Symposiums aufzugreifen und in einen theoretischen Rahmen zu betten, um sich so der oben gestellten Frage nach der Rolle von internationalen Übereinkommen zu nähern. Hierzu soll in einem ersten Schritt skizziert werden, welche Entwicklungen im Bereich der internationalen Kooperation in den vergangenen Jahrzehnten vollzogen wurden. Im zweiten Teil werden die Theorien der Internationalen Beziehungen (IB) vorgestellt, die dem Konzept der *Global Governance* zugrunde liegen und die Forschungsdebatte um die Rolle von internationalen Übereinkommen bis heute maßgeblich geprägt haben oder immer noch prägen. Dabei werden ihre verschiedenen Perspektiven auf die zunehmende Institutionalisierung von internationaler Politik beleuchtet, an die die Argumentation im Verlaufe des vorliegenden Beitrags immer wieder anknüpft. Der dritte Teil des Beitrags widmet sich dann dem empirischen Stand von *Global Governance* und fragt mithilfe des *Compliance*-Ansatzes, inwieweit sich Staaten an internationale Übereinkommen halten und was getan werden kann, um die *Compliance* zu

---

1 Wir danken den Expertinnen und Experten des Symposiums „Die Rolle von internationalen Übereinkommen in der internationalen Politik", das am 22. Juni 2010 im Odysseum Köln stattfand, für ihre vielfältigen Diskussionsbeiträge, die ganz wesentlich zu diesem Artikel beigetragen haben.

erhöhen. Im Anschluss daran werden schließlich die aktuellen Herausforderungen von *Global Governance* im Allgemeinen und internationalen Übereinkommen im Speziellen herausgearbeitet und diese anhand des Beispiels der Welthandelsorganisation (WTO) kurz veranschaulicht. Die Vorstellung möglicher Lösungsvorschläge zum Umgang mit den Herausforderungen und die Identifikation ausstehenden Forschungsbedarfs runden den Beitrag ab.

2   Re(a)gieren im globalen Zeitalter – Internationale Kooperation auf dem Weg zu Global Governance

Während der internationalen Kooperation zu Beginn des 20. Jahrhunderts in Form des Völkerbundes und später der Vereinten Nationen noch deutlich das Prinzip der nationalstaatlichen Souveränität zugrunde lag, sollten die folgenden Entwicklungen der Globalisierung die Fundamente dieses Prinzips immer stärker ins Wanken bringen. Nach dem Ost-West-Konflikt, der den in der UN-Charta von 1945 niedergeschriebenen Friedensabsichten vorerst ein jähes Ende bereitet hatte, kamen nach und nach Probleme ans Tageslicht, die nicht mehr im Alleingang von Nationalstaaten gelöst werden konnten. Das Ende der Bipolarität im internationalen System brachte die Frage hervor, wie in einer zusehends unübersichtlichen und interdependenten Welt fortan regiert werden kann.

Die Herausforderungen der fortschreitenden Globalisierung[2] sowie der zunehmenden transnationalen Interdependenzen unter anderem in den Bereichen Wirtschaft, Umwelt und Gesundheit waren bereits vor Ablauf des Ost-West-Konflikts erkannt worden. So etwa von der Brandt-Kommission im Jahr 1980, die auf das Wohlstandsgefälle und die zunehmenden Konflikte zwischen dem Norden und dem Süden, sprich, den so genannten Industrie- und den Entwicklungsländern, hinwies. Oder von der Brundtland-Kommission im Jahr 1987

---

2   Globalisierung kann definiert werden als „Entwicklungen, die aus den Revolutionen der Kommunikations- und Informationstechnologie resultieren und zu einer gegen Null tendierenden Komprimierung der Faktoren Raum und Zeit für weite Bereiche menschlichen Handelns führen". Zitat aus Jäger, Thomas, Beckmann, Rasmus. 2007. Die internationalen Rahmenbedingungen deutscher Außenpolitik . In *Deutsche Außenpolitik: Sicherheit, Wohlfahrt, Institutionen und Normen*, hrsg. T. Jäger, A. Höse, K. Oppermann, Wiesbaden: VS Verlag für Sozialwissenschaften. S. 25.

mit ihrem Bericht „*Our Common Future*", der die Gefahren der globalen Umweltkrisen wie Klimawandel, Zerstörung der Ozonschicht und Desertifikation aufzeigte, aber auch die weltweit steigende Armut und Ungleichheit anprangerte. Die Lösung dieser Probleme sahen beide Kommissionen in dem Ausbau internationaler Kooperation und der Stärkung des Multilateralismus. So warb die Brandt-Kommission im Sinne des Nord-Süd-Dialogs für eine neue Weltwirtschaftsordnung – die letztlich von den führenden Wirtschaftsmächten verhindert wurde – und die Brundtland-Kommission entwickelte das Leitbild der Nachhaltigen Entwicklung, weil sie erkannte: „*What is needed now is a new era of economic growth, growth that is forceful and at the same time socially and environmentally sustainable*"[3].

Damit waren wesentliche Impulse gesetzt und neuen globalen Lösungsansätzen wurde der Weg bereitet. Allerdings kam es auch schon Mitte des 20. Jahrhunderts, von der Erkenntnis internationaler Abhängigkeiten geleitet, zum Abschluss verschiedener internationaler Übereinkommen, aus denen oft auch formale Organisationen mit und ohne völkerrechtlichem Status hervorgingen – von den Vereinten Nationen und ihren nach und nach entstehenden Unterorganisationen, über die Bretton-Woods-Institutionen, regionale Zusammenschlüsse wie die Europäische Wirtschaftsgemeinschaft oder ASEAN, hin zu internationalen Regimen wie das GATT.

In den 1990er Jahren intensivierten sich diese Entwicklungen und es folgten zahlreiche Weltkonferenzen und bedeutende multilaterale Schritte, die neue, teils völkerrechtliche Übereinkommen hervorbrachten und immer mehr neue Akteure in die Verhandlungsprozesse integrierten. Ob mit dem Weltkindergipfel 1990, der UN-Konferenz über Umwelt und Entwicklung und der Verabschiedung des EU-Vertrags 1992 oder der Gründung der Welthandelsorganisation (WTO) 1995 – die Anzahl aber auch die Aufgaben internationaler Institutionen wuchsen, schufen neue Normen, Gesetze und Strukturen und erweiterten kontinuierlich die globale politische Agenda.[4]

---

3   World Commission on Environment and Development.1987. *Our Common Future*. http://www.un-documents.net/wced-ocf.htm. Zugegriffen: 3. Mai 2013.
4   Karns, Margaret P., Mingst, Karen A. 2004. *International Organizations. The Politics and Processes of Global Governance*. London: Lyenne Rienner.

Dominierten zu Beginn des 20. Jahrhunderts noch Fragen der Sicherheit bzw. Friedenssicherung, gelangten in den folgenden Jahrzehnten von Umweltfragen, Menschenrechten, Migration, Herausforderungen der Arbeits- und Finanzmärkte bis hin zu Nuklearwaffen die ganze Bandbreite politischer, wirtschaftlicher und sozialer Themen auf die internationalen Verhandlungstische.[5]

Infolge dieser andauernden Entwicklung verschwammen die Grenzen zwischen innenpolitischen und außenpolitischen Fragen von Staaten immer mehr. Gleichzeitig wuchs das Spektrum der Akteure, die über nationalstaatliche Grenzen hinweg agieren, beständig und schloss vermehrt internationale Organisationen, Nicht-Regierungsorganisationen und transnationale Unternehmen in Entscheidungsprozesse mit ein. Somit fand eine langsame Verlagerung des Regierens auf eine Ebene jenseits der Staatlichkeit statt.[6]

Diese Entwicklungen haben ein neues System hervorgebracht, das unter dem Begriff „*Global Governance*" zwangsläufig einen partiellen Verlust der klassischen *Gatekeeper*-Position von Staaten einfordert:

> „National governments are no longer necessarily the locus of power. Power is parceled out among different agents, national, regional, and international, public and private. The state now shares center stage with other entities such as International Organizations like the World Bank and the International Monetary Fund, with nongovernmental organizations like Greenpeace and Amnesty international, and with multinational corporations, or perhaps there is no longer a center stage at all but rather a multiplicity of sites, some real, some virtual, where global transactions are governed."[7]

Was die Commission on Global Governance (CGG) im Jahr 1995 mit ihrem Namen und ihrem Bericht manifestierte und gleichzeitig forderte, wurde zum Schlag- und Streitbegriff künftiger Politik und sozialwissenschaftlicher Forschung. Dirk Messner definiert *Global Governance* als „Entwicklung eines Insti-

---

5   Enquete Kommission des Deutschen Bundestages. 2002. *Globalisierung der Weltwirtschaft. Herausforderungen und Antworten*. Schlussbericht, Drucksache 14/900.
6   Jachtenfuchs, Markus. 2003. Regieren jenseits der Staatlichkeit. In *Die neuen Internationalen Beziehungen. Forschungsstand und Perspektiven in Deutschland*, hrsg. G. Hellmann, K.-D. Wolf, M. Zürn, Baden-Baden: Nomos.
7   Krasner, Stephen D. 2001. *Globalization, Power, and Authority*. Paper prepared for Presentation at the American Political Science Association Annual Meeting, San Francisco, 29. August – 2. September.

tutionen- und Regelsystems und neuer Mechanismen internationaler Kooperation, die die kontinuierliche Problembearbeitung globaler Herausforderungen und grenzüberschreitender Phänomene erlauben."[8] Dass diese Definition von *Global Governance*, die an die Definition der CGG von 1995 anlehnt, eher allgemein gehalten ist, wird nicht nur den verschiedenen Standpunkten in der Debatte um den Begriff gerecht. Sie erlaubt es auch, die zahlreichen Prozesse und Strukturen von *Global Governance* einzubeziehen und den Blick nicht mehr alleine auf formale Institutionen und Organisationen zu richten, sondern auf alle Akteure grenzüberschreitenden Handelns.[9]

Staaten sind zweifelsohne nach wie vor die zentralen Akteure in einem globalen Kooperationssystem, auch wenn ihre internationale Gewichtung entsprechend ihrer – vor allem wirtschaftlichen – Macht erheblich variiert. Doch selbst die international nach wie vor dominante Macht USA ist nicht in der Lage, Weltpolitik im Alleingang zu betreiben, sondern muss die Lösung globaler Probleme mit anderen Akteuren koordinieren. Generell liegt Macht auch nicht mehr allein in den Händen von Staaten, sondern geht zusehends auch auf andere Mitspieler der *Global Governance* über. Unter diesen befinden sich vornehmlich multinationale Unternehmen und Nichtregierungsorganisationen (NGOs). Aber auch Individuen wie den Vorsitzenden intergouvernementaler Organisationen oder Experten sowie den mehrere Institutionen vereinenden globalen Politiknetzwerken wird verstärkter Einfluss auf globale Entscheidungsprozesse attestiert.[10]

Multinationale Konzerne (MNCs) haben ihren politischen Einfluss im Prozess der Globalisierung stetig ausgebaut. Sie verfügen über teilweise enorme ökonomische Ressourcen, die die einiger Staaten übersteigen. Auf dem Weg zu stetig wachsender Internationalisierung tätigten die 100 größten MNCs im Jahr 2011 ausländische Direktinvestitionen im Wert von 374 Milliarden US-Dollar – für ein Viertel davon waren alleine die größten fünf MNCs unter ihnen verant-

---

8   Messner, Dirk. 2000. Ist Außenpolitik noch Außenpolitik ...und was ist eigentlich Innenpolitik? Einige Beobachtungen zur Transformation der Politik in der „Ära des Globalismus". *PROKLA* 118: S. 287.
9   Rosenau, James N. 1995. Governance in the Twenty-First Century. *Global Governance* 1:13-43.
10 Vgl. hierzu Karns, Maragaret P., Mingst, Karen A. 2004. *International Organizations. The Politics and Processes of Global Governance*. London: Lynne Rienner.

wortlich.[11] Ihre Macht gegenüber Staaten gewinnen MNCs zunehmend aus ihrer transnationalen Mobilität. Auf der Suche nach den für sie besten (steuerlichen) Standortbedingungen sind sie vermehrt in der Lage, Staaten gegeneinander auszuspielen. Unter Umständen ermöglichen ihnen internationale Handelsabkommen, staatliche Souveränität sogar komplett zu untergraben. Dies ist etwa im Rahmen des NAFTA zu beobachten: Es erlaubt Unternehmen der Unterzeichnerstaaten, gegen nationale Regulierungen zu klagen, die Maßnahmen nach sich ziehen, die auch nur im Entferntesten mit Verstaatlichungs- oder Enteignungsmaßnahmen in Verbindung gebracht werden können. Dieses Recht wurde in mehreren Fällen – etwa infolge nationalstaatlicher Umweltschutzmaßnahmen, die gewisse Einschnitte für Unternehmen bedeutet hätten – bereits erfolgreich von MNCs in Anspruch genommen.[12] Investitionsentscheidungen von MNCs können deutlich positive, aber auch negative Auswirkungen auf Volkswirtschaften und Gesellschaften haben, weshalb bspw. die verstärkte Tätigkeit privater Akteure in Entwicklungsländern (mit größerem rechtlichen Handlungsspielraum für Investoren) die Frage nach internationalen Regulierungen für MNCs immer lauter werden lässt.[13]

Die zweite zentrale nicht-staatliche Akteursgruppe der *Global Governance* bilden die Nichtregierungsorganisationen (NGOs), deren Anzahl in den letzten Jahrzehnten beträchtlich gestiegen ist: Während im Jahr 1972 bei der Weltumweltkonferenz in Stockholm 250 NGOs gezählt wurden, waren 2002 auf dem Weltgipfel für Nachhaltige Entwicklung in Johannesburg bereits 3.200 NGOs registriert.[14] Knapp zehn Jahre später im Jahr 2011 nahmen in Durban 5.955

---

11 UNCTAD. 2012. *World Investment Report. Towards a New Generation of Investment Policies*. New York, Genf: UN.
12 Roach, Brian. 2005. A Primer on Multinational Corporations. In *Leviathans. Multinational Corporations and the New Global History,* hrsg. A.-D. Chandler, B. Mazlish, 19-44. Cambridge: Cambridge University Press.
13 Karns, Margaret P., Mingst, Karen A. 2004. *International Organizations. The Politics and Processes of Global Governance*. London: Lynne Rienner. S. 19f.
14 Dodds, Felix. 2008. Foreword. In *NGO Diplomacy. The Influence of Nongovernmental Organizations in International Environmental Negotiations,* hrsg. M. Betsill, E. Corell, vii-x. Massachusetts Institute of Technology.

NGOs an der UN-Klimakonferenz teil.[15] Im Laufe der Jahre ist auch der politische Einfluss von NGOs im *Global Governance*-Prozess bedeutend gewachsen. Trotz bestehender Kritik an Organisationsform und Einflussnahme werden den NGOs heute weitestgehend eine demokratiefördernde Wirkung zugesprochen. So fungieren sie nicht nur als Lobbyisten und werden immer häufiger gezielt als Berater in Regierungsangelegenheiten hinzugezogen, sondern haben sich allgemein den Ruf als Hüter internationaler Übereinkommen erarbeitet, die oftmals einen bedeutenden Beitrag zur Informationsvermittlung politischer Inhalte von der internationalen Bühne zu den nationalen Zivilgesellschaften leisten. Sie beeinflussen die nationale wie internationale politische Agenda inzwischen spürbar.[16]

Fasst man die zuvor skizzierten Entwicklungen zusammen, so zeichnet sich *Global Governance* auf den ersten Blick durch neue kooperative Problemlösungsmechanismen aus, die immer mehr Politikfelder und Institutionen beinhalten und in denen zunehmend neue, vor allem nicht-staatliche Akteure wie MNCs und NGOs partizipieren. Dies stellt die Rolle von Nationalstaaten als Hauptakteure zwar nicht wirklich in Frage, entzieht ihnen jedoch einen Teil ihrer Souveränität und stellt sie vor allem vor die Aufgabe, multilaterale Abstimmung kooperativ zu organisieren.

Doch *Global Governance* impliziert weitaus mehr, als diese allgemeinen Tendenzen, die viele Fragen nach den Formen, Zielen und Ergebnissen dieses globalen Regierens offen lassen. Welche Konzepte sich genau hinter dem mittlerweile in allen politischen Sphären allgegenwärtigen Begriff verbergen, soll im Folgenden genauer erläutert werden, indem zunächst die theoretischen Wurzeln eines Regierens jenseits der Staatlichkeit vorgestellt werden.

---

15   Conference of the Parties (COP) to the UNFCCC (2012). About COP18/CMP8. http://www.cop18.qa/en-us/aboutcop18cmp8/participants.aspx. Zugegriffen: 9. Mai 2013.
16   Brunnengräber, Achim, Klein, Ansgar, Walk, Heike. 2005. *NGOs im Prozess der Globalisierung. Mächtige Zwerge – Umstrittene Riesen*. Wiesbaden: VS Verlag für Sozialwissenschaften.

3 Das theoretische Fundament internationaler Übereinkommen

Die akademische Auseinandersetzung mit internationaler Kooperation fand im Wesentlichen innerhalb der großen Theorien Liberalismus, Realismus, Institutionalismus und Konstruktivismus, ihren Variationen und den aus ihnen hervorgegangenen Metatheorien, insbesondere der Regimetheorie statt. Allesamt pflasterten sie im 20. Jahrhundert den Weg zu den heutigen Konzepten von *Global Governance* und entfachten dabei verschiedene Debatten um Voraussetzungen, Formen und Zielen internationaler Zusammenarbeit.

Nach dem Ende des Ersten Weltkrieges hatte der oftmals auch als Idealismus bezeichnete traditionelle Liberalismus eine Hochphase. Geprägt durch den US-amerikanischen Präsidenten Woodrow Wilson verkörperte der Liberalismus zu jener Zeit das Streben nach Frieden und kollektiver Sicherheit. Liberale sprachen internationalen Institutionen eine große Bedeutung für die gemeinsame Lösung von Problemen zu und bauten dabei auf den gesunden Menschenverstand und den Fortschrittsgedanken. So entstand die Idee des Völkerbundes, der dem Schrecken des Krieges ein Ende bereiten und langfristig Frieden garantieren sollte. In einem von Anarchie geprägten internationalen System, dessen zentrale Akteure in liberaler Perspektive Individuen sind, die mit ihren durch Verhandlungsprozesse entstandenen Interessen staatliches Handeln bestimmen, kooperieren Staaten als pluralistische kollektive Akteure auf Grundlage gemeinsamer Normen, Regeln, Institutionen und Interessen.[17] Bevor der Liberalismus jedoch einige Jahrzehnte später in neuen Ausformungen weitere Beiträge zum Aufleben internationaler Institutionen leisten sollte, wurde ihm mit Ausbruch des Zweiten Weltkrieges vorerst jegliche Grundlage entzogen.

Er wurde abgelöst von den Vertretern der realistischen Schule. Diese sahen sich in ihrer Annahme eines anarchischen internationalen Systems ohne Autorität bestätigt, in dem Staaten als einzige Akteure versuchen, ihre nationalen Interessen durch Machtanhäufung und Abschreckung durchzusetzen. Für den Realismus existieren kaum Normen oder Rechtsverordnungen, die das Handeln von Staaten bei widerstreitender Interessenlage wirksam behindern könnten. Institutionen dienen prinzipiell den Interessen der Staaten und können deren

---

17 Vgl. die Idee einer Gesellschaft der Staaten bei Bull, Hedley.1977. *The Anarchical Society. A Study of Order in World Politics*. New York: Columbia University Press.

Macht entsprechend der Machtverteilung im internationalen System entweder vergrößern oder verkleinern – am System selbst ändert sich dadurch jedoch nichts.[18] Kooperation ist in realistischer Sicht zwar durchaus möglich, allerdings bestehen für Staaten wenige Anreize, internationale Übereinkommen zu schließen, da sie ohnehin jederzeit über eine Exit-Option verfügen. Akteure wie etwa NGOs oder multinationale Konzerne werden von den Realisten nicht als ordnungsrelevant anerkannt.

Auch der Neorealismus, der sich ab den 1960er Jahren bestärkt durch den langjährigen Ost-West-Konflikt und als Reaktion auf die schwindende wirtschaftliche Macht des Hegemons USA durchsetzte, schreibt internationalen Institutionen keine bedeutende Rolle zu.[19] Während im Realismus die Akteure, sprich die Staaten dominierten und ihr Verhalten durch reines Machtstreben gekennzeichnet war, dominiert in dem wesentlich durch Kenneth Waltz geprägten Neorealismus (auch struktureller Realismus) das internationale System, das mit seiner strukturellen Anarchie das Akteursverhalten bestimmt. Die Struktur des Systems und die Verteilung der Fähigkeiten (im Sinne von Macht) unter den Staaten bestimmt also das Verhalten von Staaten, die in erster Linie Sicherheit – und nicht mehr wie im Realismus vorrangig nationale Interessen in Form von Macht – anstreben. In einem anarchischen System ohne autoritäre Instanz herrscht permanente Unsicherheit und Misstrauen gegenüber den anderen Staaten, weshalb Staaten als Überlebensgrundlage eine Strategie der Selbsthilfe verfolgen, die in der Herstellung und in der Sicherung des Gleichgewichts, sprich der eigenen Position relativ zu der der anderen Staaten im System besteht. Dies wiederum hat zur Folge, dass die Möglichkeiten zur Kooperation zwischen Staaten erheblich eingeschränkt sind – größere Interdependenzen wollen möglichst vermieden werden. Kenneth Waltz sieht Chancen zur Zusammenarbeit nur dann, wenn Staaten dadurch einen relativen Gewinn erzielen können (der entsprechend dem Nullsummenspiel zwangsläufig zu einem Verlust auf der ande-

---

18 Carr, Edward Hallett. 1939. *Twenty Years' Crisis 1919-1939: An Introduction to the Study of International Relations*. London: MacMillan. Morgenthau, Hans.1948. *Politics among Nations. The Struggle for Power and Peace*. New York: Knopf.
19 Waltz, Kenneth.1979. *Theory of International Politics*. New York: McGraw-Hill. Waltz, Kenneth.1986. Reflections on Theory of International Politics. A Response to my critics. In *Neorealism and its Critics*, hrsg. R.O. Keohane, 322-345. New York: Columbia University Press.

ren Seite führt). Noch nicht einmal die Aussicht auf beidseitige Gewinne wird zwei Parteien zur Zusammenarbeit bewegen, *„so long as each fears how the other will use its increased capabilities."*[20]

Dennoch haben auch die Neorealisten im Laufe der Jahrzehnte die starke Zunahme an internationalen Institutionen wahrgenommen, sie messen ihnen allerdings keinen bedeutenden Einfluss auf das Verhalten von Staaten bei. Diese Position sollte sich später anhand der Reaktion der USA auf den 11. September 2001 erneut bestätigen. Obwohl der Neorealismus bis heute einiger Kritik ausgesetzt ist, etwa was die ausstehende Erklärung eines Systemwandels betrifft, hat er nach wie vor Gewicht innerhalb der Internationalen Beziehungen.

Doch ab den 1970er Jahren bekam er einen Kontrahenten in Gestalt des Neoliberalen Institutionalismus (auch Neoliberalismus). Dieser wandte sich entschieden gegen die pessimistische Sicht der Realisten nicht zuletzt in Bezug auf internationale Kooperation. Der Anarchie des internationalen Systems zum Trotze sahen die Institutionalisten eine reale Chance für engere Zusammenarbeit zwischen den Staaten und zwar mithilfe von Institutionen. Robert Keohane und Joseph Nye leisteten hier den entscheidenden Beitrag mit ihrem Werk *„Power and Independence"*.[21] Aus der Beobachtung einer zunehmenden internationalen Interdependenz in unterschiedlichen Sachbereichen und damit verbundener Gefahren für Staaten schlussfolgerten die Autoren, dass internationale Institutionen ein geeignetes Mittel zur Lösung aufkommender Probleme darstellen, gestützt auf das Argument, dass Interdependenz Kosten verursacht, die die Autonomie von Staaten einschränkt.[22] So kann beispielsweise auch das Fortbestehen von Institutionen wie dem IWF und dem GATT erklärt werden, die infolge wirtschaftlicher Ereignisse (z. B. der Ölkrise) und Machtverschiebungen (zu Ungunsten der USA) ohne weiteres hätten zusammen brechen können. Im Gegenteil kam es aber trotz Machtverlust der Hegemonialmacht USA sogar zum

---

20 Waltz, Kenneth.1979. *Theory of International Politics*. New York: McGraw-Hill. S. 105.
21 Keohane, Robert O., Nye, Joseph. 1977. *Power and Independence. World Politics in Transition*. Boston: Little, Brown and Company.
22 Für eine deutschsprachige Übersicht über die Interdependenztheorie und ihre Vertreter vgl. Spindler, Manuela. 2006. Interdependenz. In *Theorien der Internationalen Beziehungen*, hrsg. S. Schieder, M. Spindler, 93-120. 2. Aufl. Opladen, Farmington Hills: Verlag Barbara Budrich.

Ausbau wirtschaftlicher Verflechtungen.[23] Auch erkannten die Interdependenz-Theoretiker private und gesellschaftliche Akteure, die zunehmend an transnationalen Interaktionen beteiligt waren, als neue Akteure der Weltpolitik an und sprachen damit den Staaten den vom (Neo-)Realismus vertretenen alleinigen Ordnungsanspruch ab.

Obwohl der neoliberale Institutionalismus einige Annahmen des Realismus anerkennt – so etwa die Anarchie des internationalen Systems, in dem keine zentrale Autorität existiert und die rationale Natur staatlicher Akteure, die nach der Maximierung eigener Interessen streben –, ist es hier eben dieses rationale Handeln von Akteuren, das Kooperation zum Eigeninteresse werden lässt. Diese Annahme wurde unter anderem mithilfe des Gefangenendilemmas aus der Spieltheorie untermauert.[24] Die Untersuchungen ergaben dabei auch, dass je häufiger Staaten in einer für beide Parteien vorteil- oder unvorteilhaften Form miteinander interagieren – und dies ist in einer interdependenten Welt nicht zu vermeiden –, desto eher betrachten sie Kooperation als langfristig beste Strategie zur Lösung von Problemen. Langfristige Interaktionen stellen demnach auch Anreize für Staaten dar, gemeinsame Institutionen zu schaffen.[25] Diese wiederum vermögen es, dem größten Hindernis für einvernehmliche Zusammenarbeit im neoliberalen Modell des rationalen Akteurs, dem Betrüger, gezielt entgegen zu wirken und Transaktionskosten niedrig zu halten. Institutionen *„moderate state behaviour, provide a guaranteed framework for interactions and a context for bargaining, provide mechanisms for reducing cheating by monitoring behaviour and punishing defectors, and facilitate transparency of the actions of all."*[26] Trotz ihres Kooperationsoptimismus sehen neoliberale Institutionalisten durchaus die Fehlbarkeit von Kooperation, etwa wenn diese zugunsten einer Gruppe und damit zu Ungunsten einer anderen Gruppe ausfällt. So befassten sich einige Wissenschaftler auch mit der Frage nach den Ausgangsbedingungen von Koope-

---

23 Zangl, Bernhard. 2003. Regimetheorie. In *Theorien der Internationalen Beziehungen*, hrsg. S. Schieder, M. Spindler, 117-140. Opladen: Leske + Budrich.
24 Axelrod, Robert, Keohane, Robert O. 1985. Achieving Cooperation under Anarchy. Strategies and Institutions. *World Politics* 38 (1): 226-254.
25 Grieco, Joseph M. 1990. *Cooperation among Nations. Europe, America and non-tariff barriers to trade*. Ithaca: Cornell University Press. S. 27-50.
26 Karns, Margaret P., Mingst, Karen A. 2004. *International Organizations. The Politics and Processes of Global Governance*. London: Lyenne Rienner. S. 39.

ration und der Rolle von Macht und Hegemonie, womit die Regimetheorie ins Spiel kommt.[27]

Denn während der neoliberale Institutionalismus bereits einen wichtigen Beitrag zur Förderung internationaler Kooperation leistete, kam der entscheidende Schritt in Richtung *Global Governance* schließlich von der Regimetheorie, die auf den oben vorgestellten institutionalistischen Annahmen aufbaute. Gemäß der weitestgehend anerkannten Definition von Stephen Krasner sind Regime „*sets of implicit or explicit principles, norms, rules, and decision-making procedures around which actors' expectations converge in a given area of international relations*".[28] In Reaktion auf die immer stärkere Interdependenz zwischen unterschiedlichen Akteuren in unterschiedlichen Politikbereichen koordinieren Staaten zum Schutze ihrer eigenen Interessen vermehrt ihre Handlungen. Unabhängig von hegemonialen Machtstrukturen können Regime dazu dienen, die zunehmenden Koordinations- und Kooperationsschwierigkeiten von Staaten zu lösen. Sie

> „beruhen auf vertraglichen Vereinbarungen mit unterschiedlichen Graden der rechtlichen und politischen Verbindlichkeit, Wirksamkeit und Dauerhaftigkeit, erfüllen aber die in sie gesetzten Erwartungen nur dann, wenn die beteiligten Akteure die vereinbarten Verhaltensnormen und Spielregeln auch einzuhalten bereit sind."[29]

Internationale Regime sind nicht gleichzusetzen mit Internationalen Organisationen. Denn im Vergleich zu letzteren, etwa der UNO, verfügen Regime über keinen Akteurscharakter. Sie zeichnen sich dadurch aus, dass sie ihren Fokus auf ein bestimmtes Problem in einem bestimmten Politikbereich richten und sowohl regional als auch global aufgestellt sein können. Ein Beispiel für ein regio-

---

27 Vgl. Ruggie, John Gerard.1982. International Regimes, Transactions, and Change: Embedded Liberalism in the Postwar Economic Order. *International Organization* 36 (2): 379-415. Vgl. Keohane, Robert O. 1984. *After Hegemony. Cooperation and Discord in the World Political Economy*. Princeton: Princeton University Press.
28 Krasner, Stephen D. 1982. Structural Causes and Regime Consequences: Regimes as Intervening Variables. *International Organization* 36 (2): S. 186.
29 Vgl. hierzu Messner, Dirk, Nuscheler, Franz. 2006. *Das Konzept Global Governance. Stand und Perspektiven*. INEF Report. Institut für Entwicklung und Frieden, Universität Duisburg-Essen. http://inef.uni-due.de/cms/files/report67.pdf. Zugegriffen: 3. Mai 2013.

nales Regime ist etwa das Nordamerikanische Freihandelsabkommen NAFTA, Beispiele für internationale Regime sind der Atomwaffensperrvertrag, das Handelsabkommen GATT oder das Kyoto-Protokoll.

Aufgabe der Regimetheorie sollte es nun sein, zu untersuchen, wie Regime entstehen und fortbestehen und wie und unter welchen Umständen sie sich verändern. Während sich die Regimeforschung in Deutschland vornehmlich Fragen der Sicherheit und der Herstellung von Frieden widmete[30], lag der Forschungsschwerpunkt der USA angesichts ihres damaligen Krisenzustandes auf wirtschaftlicher Kooperation. Hier muss besonders auf Robert Keohane (1984) hingewiesen werden, der auf der durch ihn geprägten Interdependenztheorie aufbauend in den 1980er Jahren bedeutenden Einfluss auf die Regimetheorie gewann. Schwierigkeiten aber auch Chancen von Kooperation im Angesicht gemeinsamer Interessen demonstrierte Keohane, wie oben beschrieben unter anderem durch das wiederholte Spiel des Gefangenendilemmas. Das entscheidende Argument für ein Funktionieren von Kooperation im anarchischen und damit unsicheren System ist die bereits erwähnte Kontinuität von Interessenkonstellationen: wiederholte Interaktionen in bestimmten Problembereichen lassen sich durch Kooperation dann regeln und regulieren, wenn diese auf der Bildung eines Regimes basiert.[31] Diese Argumentation lässt sich etwa am Beispiel des Rüstungswettlaufes während des Kalten Krieges gut veranschaulichen.[32]

Insgesamt gab es drei Schulen, die die Regimeforschung auf internationaler Ebene maßgeblich prägten: der interessenbasierte Neoliberalismus, der machtbasierte Realismus und der wissensbasierte Kognitivismus. Sie unterscheiden sich im Wesentlichen bezüglich des Gewichts, das sie Regim bzw. internationalen Institutionen im Allgemeinen zusprechen.[33] Neben Kritik von Seiten des

---

30   Rittberger, Volker, Zürn, Michael. 1990. Towards Regulated Anarchy in East-West Relations. In *International Regimes in East-West Politics*, hrsg. V. Rittberger, 9-63. London: Pinter.
31   Keohane, Robert O. 1984. *After Hegemony. Cooperation and Discord in the World Political Economy*. Princeton: Princeton University Press.
32   Vgl. hierzu Zangl, Bernhard .2003. Regimetheorie. In *Theorien der Internationalen Beziehungen*, hrsg. S. Schieder, M. Spindler, 117-140. Opladen: Leske + Budrich.
33   Für die ausführliche Diskussion um die Einflüsse der drei Schulen und ihre Komplementarität in Bezug auf das Verständnis von Regimen vgl. Hasenclever, Andreas,

Realismus[34] sah sich die Regimetheorie auch dem Vorwurf ausgesetzt, den Blick zu sehr auf einzelne spezielle Regelwerke gesetzt zu haben. Den „Blick für das Ganze" beanspruchten in Folge mehr und mehr die Konzepte der *Global Governance*.

Bevor diese aber nun im Folgenden vorgestellt werden, soll noch ein weiterer theoretischer Ansatz Erwähnung finden, der nach dem Ende des Ost-West-Konflikts eine neue Perspektive in die Forschungsdebatte um internationale Kooperation brachte: der Konstruktivismus. Während sowohl (Neo-)Realisten als auch Neoliberale Institutionalisten die anarchische Struktur des internationalen Systems als gegeben sehen und die Identitäten und Interessen von Staaten als fix und feststehend begreifen, werfen Konstruktivisten die Frage auf, wie staatliche Identitäten und Interessen überhaupt entstehen. Sie zweifeln also ihre Gegebenheit an und glauben vielmehr, dass Normen, Kulturen und Interaktionen zentralen Einfluss auf ihre Herausbildung haben. Das Handeln nicht nur von Staaten ist somit beeinflusst von sozial konstruierten Interessen und Identitäten, wie sie Institutionen und Akteure ebenfalls schaffen. Es bedarf also nach der konstruktivistischen Logik für internationale Kooperation und Institutionenbildung der Schaffung kollektiver Interessen, einer kollektiven Identität. Gleichzeitig sind Institutionen dann wiederum in der Lage, ihrerseits neue Interessen und Identitäten zu schaffen und damit Akteursverhalten zu prägen: „*Thus international institutions can be teachers as well as creators of norms.*"[35] Am Beispiel der Europäischen Union etwa, die in ihren Anfängen eine kleine auf wenigen wirtschaftlichen Interessen basierende, rein intergouvernementale Organisation war, lassen sich diese Annahmen nachvollziehen. Entgegen dem Realismus ist das Prinzip der Selbsthilfe und der Machtpolitik von Staaten in konstruktivistischer Sicht keine Folge von Anarchie, sondern eine (sozial

---

    Mayer, Peter, Rittberger, Volker. 1996. Interests, Power, Knowledge: The Study of International Regimes. *Mershon International Studies Review* 40 (2): 177-228.

34 Vgl. hierzu Grieco, Joseph M. 1990. *Cooperation among Nations. Europe, America and non-tariff barriers to trade*. Ithaca: Cornell University Press.

35 Karns, Margaret P., Mingst, Karen A. 2004. *International Organizations. The Politics and Processes of Global Governance*. London: Lyenne Rienner. S. 51.

konstruierte) Institution der Anarchie – nicht struktur-, sondern prozessbedingt. In den Worten eines Aufsatztitels: „*Anarchy is what states make of it.*"[36]

Die unterschiedlichen theoretischen Beiträge zum Verständnis von internationalen Institutionen, von den Voraussetzungen und Entwicklungen internationaler Kooperation haben die Herausbildung und das heutige Verständnis von *Global Governance* in unterschiedlicher Form mitgeprägt und prägen sie auch weiterhin. Dabei handelt es sich bei *Global Governance* nicht um ein theorienübergreifendes, einheitliches Konstrukt. Man kann heute grob zwischen empirisch-analytischen und normativen Konzepten von *Global Governance* unterscheiden.[37] Die empirisch-analytische Variante befasst sich mit den real beobachtbaren Prozessen der Institutionenbildung jenseits des Nationalstaates, wobei sie sich hauptsächlich auf einzelne staatliche und nicht-staatliche Akteure, Institutionen und Politikbereiche konzentriert. Die normativen Konzepte hingegen sprechen der *Global Governance* einen größeren Handlungsspielraum und eine größere Wirkung zu und unterbreiten entsprechende Ideen bezüglich der Bildung und Kontrolle von Institutionen.

Trotz der Unterschiede zwischen den beiden Strömungen von *Global Governance* sind drei Prämissen in Bezug auf transnationales Regieren auszumachen, die beiden gemeinsam sind: Es wird erstens davon ausgegangen, dass Regieren jenseits der Staatlichkeit durch die Globalisierung in allen öffentlichen Bereichen notwendig geworden ist: sei es aufgrund von Herausforderungen infolge internationaler Interdependenzen, die nicht mehr nationalstaatlich gelöst werden können; sei es aufgrund von neu entstandenen Problemfeldern wie dem Klimawandel oder der Finanzmarktkrise, die internationale Koordination verlangen.

Zweitens existiert den Konzepten von *Global Governance* zufolge eine institutionelle Regelungslücke zwischen den mittlerweile nicht mehr wirksamen nationalstaatlichen Regelungen und den noch nicht wirksamen (oder oft noch gar nicht existierenden) Regelwerken auf internationaler Ebene. *Global Gover-*

---

36 Wendt, Alexander.1995. Anarchy is what states make of it. The social construction of power politics. *International Organization* 46 (2): 391-425.
37 Grande, Edgar. 2009. Global Governance. Beitrag auf Basis der Ergebnisse des Forschungsprojekts „Globalisierung und die Zukunft des Nationalstaats", gefördert durch die Deutsche Forschungsgemeinschaft. http://192.68.214.70/blz/web/1001 11/257_274_grande_IP.pdf. Zugegriffen: 3. Mai 2013.

nance soll nun in dieser Hinsicht einen neuen Ordnungsrahmen mit neuen Institutionen schaffen, die diesem Steuerungsproblem entgegenwirken. Während sich die normative Strömung der *Global Governance*-Forschung dabei mit den Gestaltungsformen einer neuen Weltordnung befasst, konzentrieren sich die empirisch-analytischen Konzepte zur Problemlösung auf einzelne Institutionen, ihre Entstehungsprozesse und ihre Funktionsweise.

Drittens verändern die Konzepte von *Global Governance* den Blick auf die bisher rein auf Nationalstaaten basierende internationale Politik, indem sie die aufgewertete Rolle internationaler Institutionen und privater Akteure anerkennen und indem sie die verschwimmenden Grenzen von innen- und außenpolitischen Anliegen aufzeigen. Kurz: *Global Governance* verlangt ein „Denken in komplexen Mehrebenenarchitekturen."[38]

Gerade die letzte gemeinsame Prämisse, die Abkehr vom rein staatszentrierten Politikmodell, bildete eine entscheidende Brücke von der Regimetheorie zur Forschung über *Global Governance* und ist wesentlich James Rosenau und Ernst-Otto Czempiel zuzuschreiben. Bereits mit dem Titel ihres Werkes „*Governance Without Government*" suggerieren die Autoren eine Veränderung der weltpolitischen Struktur aus der die Frage hervor geht, wie ein Regieren ohne zentrale Autorität funktionieren kann.[39] Hierbei ist zunächst die Differenzierung der Begriffe „*governance*" und „*government*" bedeutend, die in der deutschen Sprache so gar nicht existieren. Während beide Begriffe ein zielorientiertes Handeln auf Grundlage von Regelwerken implizieren, stützt sich das Handeln eines *Government*, einer Regierung, auf formale Gesetze und die Sicherstellung ihrer Umsetzung durch Polizeikräfte. *Governance* im Sinne des Regierens jenseits der Staatlichkeit hingegen beruht auf gemeinsamen Zielen, die nicht zwangsläufig einer Rechtsgrundlage und einer polizeilichen Gewährleistung ihrer Befolgung bedürfen. Es umfasst die unterschiedlichen – oft ineinander übergreifenden – Politikbereiche und bezieht sich sowohl auf Regierungs- als auch auf Nichtregierungsinstitutionen. Damit werden etwa Regime nur noch als eine Institution neben anderen in der *Global Governance*-

---

38 Vgl. ebd. S. 258-261.
39 Czempiel, Ernst Otto, Rosenau, James N. 1992. *Governance without government. Order and change in world politics*. Cambridge: Cambridge University Press.

Architektur betrachtet. Zentrales Analyseobjekt wird nun das Regieren in einer mehrere Ebenen umfassenden multizentrischen Welt.[40]

Während das *Global Governance*-Konzept von Rosenau und Czempiel der empirisch-analytischen Strömung zugeschrieben werden kann, deren Aufgabe wie oben bereits angedeutet hauptsächlich im Beobachten real existierender struktureller und institutioneller Gegebenheiten und Prozesse besteht, wird zum Beispiel das Konzept des Instituts für Entwicklung und Frieden (INEF) der normativen Strömung zugeschrieben[41] und zielt neben der Analyse der Strukturen internationaler Kooperation auch auf die Mitgestaltung der *Global Governance*-Architektur ab. Die zentralen Forschungsfragen hinter dem Konzept sind dabei: Wie können Staaten im Globalisierungsprozess noch (mit)steuern und inwiefern verändert sich ihre Funktion in den veränderten globalen Strukturen? Diese Fragen beruhen auch auf Erkenntnissen der Steuerungstheorien, die das staatliche Steuerungsmonopol in der Politik zunehmend durch eine gesellschaftliche Steuerung von einer Vielzahl an staatlichen und nicht-staatlichen Akteuren abgelöst sahen.[42] Das INEF-Konzept basiert auf insgesamt sieben Pfeilern:

1. *Global Governance* bedeutet nicht *Global Government* – die Idee einer Weltregierung ist demnach weder realistisch noch erstrebenswert, vielmehr wird eine Ordnung im Kantschen Sinne einer Weltföderation angestrebt.

2. „*Global Governance* beruht auf verschiedenen Formen und Ebenen der internationalen Koordination, Kooperation und kollektiven Entscheidungsfindung". Internationale Organisationen koordinieren und prägen globale

---

40 Vgl. ebd.
41 Vgl. hierzu Messner, Dirk, Nuscheler, Franz. 2006. Das Konzept Global Governance. Stand und Perspektiven. INEF Report. Institut für Entwicklung und Frieden, Universität Duisburg-Essen. http://inef.uni-due.de/cms/files/report67.pdf. Zugegriffen: 03. Mai 2013. Hierzu sei erwähnt, dass die Autoren selber eine andere Klassifizierung von Global Governance-Konzepten vornehmen, bei der sie zwischen empirisch-analytischen, empathischen und politisch-strategischen Global Governance-Konzepten unterscheiden. Sie rechnen ihr eigenes Konzept zu der letzten Variante.
42 Vgl. Mayntz, Renate. 2008. Von der Steuerungstheorie zur Global Governance. In *Governance in einer sich wandelnden Welt*, hrsg. G.-F. Schuppert, M. Zürn, 43-60. PVS-Sonderheft 41.

Sichtweisen, während Regime zur gemeinsamen Problemlösung verbindliche Regelwerke schaffen können.

3. Internationale Kooperation, die durch Globalisierung und daraus entstehende Interdependenzen notwendig geworden ist, führt auch für Hegemone zwangsläufig zu einem partiellen Souveränitätsverlust. Das Verständnis von Souveränität hat sich damit automatisch verändert.

4. Mit der entstandenen Multipolarität der Welt geht eine zunehmende Regionalisierung und Lokalisierung von Institutionen einher. Diese müssen in die *Global Governance*-Architektur im Sinne eines Subsidiaritätsprinzips mit aufgenommen werden, da nur so eine effektive Umsetzung politischer Programme erfolgen kann.

5. Auf den unterschiedlichen Ebenen von *Global Governance* (von lokal bis global) wirken staatliche und nicht-staatliche Akteure (Staaten, IOs, MNCs, Interessensverbände, NGOs) in Form von *Public-Private-Partnerships* (PPP) zusammen.

6. NGOs nehmen aufgrund ihrer Expertise und Medienwirksamkeit inzwischen eine wichtige „konsultative und korrektive Funktion" bei internationalen Verhandlungen ein. Sie vernetzen sich immer stärker auf internationaler Ebene und werden so zu „Globalisierungswächtern". Ihre Macht hält sich jedoch trotz allem in Grenzen.

7. Staaten bleiben die Hauptakteure in der internationalen Politik und sind „die tragenden Stützpfeiler der *Global Governance*-Architektur", in der sie komplexe Koordinationsfunktionen einnehmen müssen und für die Vertretung gesellschaftlicher Interessen ebenso wie für die Umsetzung multilateraler Entscheidungen zuständig sind.[43]

Fasst man diese Punkte zusammen, zeichnet sich die *Global Governance*-Architektur durch Multiakteurskonstellationen, Mehrebenenpolitik und verschiedene *Governance*-Muster aus.[44]

---

43 Messner, Dirk, Nuscheler, Franz. 2006. *Das Konzept Global Governance. Stand und Perspektiven*. INEF Report. Institut für Entwicklung und Frieden, Universität Duisburg-Essen. http://inef.uni-due.de/cms/files/report67.pdf. Zugegriffen: 3. Mai 2013. S. 15-18.
44 Ebd.

4 Global Governance zwischen Anspruch und Realität

Nach der Vorstellung der Veränderungen internationaler Politik im Angesicht der Globalisierung und der kontroversen theoretischen Fundamente von *Global Governance* drängen sich nun unmittelbar mehrere Fragen auf: Wie funktioniert *Global Governance* in der Realität? Wie steht es um die Umsetzung des Konzeptes? Welche Ziele wurden durch internationale Institutionen bisher erreicht und wie kann die Einhaltung von Übereinkommen gewährleistet werden?

4.1 Empirische Befunde

Wenn man die unterschiedlichen Perspektiven der Theorien der Internationale Beziehungen auf Voraussetzungen, Prozesse und Ziele internationaler Kooperation einmal zurückstellt, und auch die Kritik, die an jedem einzelnen theoretischen Ansatz und dem *Global Governance*-Konzept verübt werden kann, an dieser Stelle außer Acht lässt, was kann dann heute konkret beobachtet werden, das auf die Existenz von *Global Governance* schließen lässt?

Zunächst einmal ist festzustellen, dass die internationalen Beziehungen zwischen Staaten heute wesentlich stärker als früher von internationalen Übereinkommen und supranationalen Institutionen geprägt werden. Dabei ist nicht nur die Anzahl der Übereinkommen sukzessive gestiegen (2010 wurden 2396 multilaterale Verträge und zwischenstaatliche Abkommen gezählt)[45], sondern diese wurden seit Mitte des 20. Jahrhunderts auch immer häufiger in verbindliche Regelwerke übergeführt. Parallel dazu wurden vermehrt supranationale Institutionen geschaffen und damit bewusst und freiwillig gewisse staatliche Souveränitätsrechte an eine dritte Partei abgetreten. Hier können etwa die rechtsverbindlichen Streitschlichtungsverfahren des GATT innerhalb der WTO, des Europäischen Gerichtshofes und angesichts seiner zunehmenden Aktivität auch des Internationalen Strafgerichtshofes beispielhaft angeführt werden.[46]

---

45 Union of International Associations 2011/12. *Yearbook of International Organizations. Guidebook to Civil Society Networks.* Edition 48. Brussels: UIA.
46 Simmons, Beth. A. 1998. Compliance with International Agreements. *The Annual Review of Political Science* 1: 75-93.

Internationale Übereinkommen als Herzstück einer Global Governance? 35

Auch soll an dieser Stelle nochmals auf die deutliche Zunahme der Beteiligung von privaten Unternehmen und Nichtregierungsorganisationen an der Gestaltung internationaler Übereinkommen und Verträge hingewiesen werden. Tabelle 1 demonstriert die Zunahme zwischenstaatlicher Organisationen und internationaler Nichtregierungsorganisationen anhand des Vergleichs der Jahre 1909 und 2004.

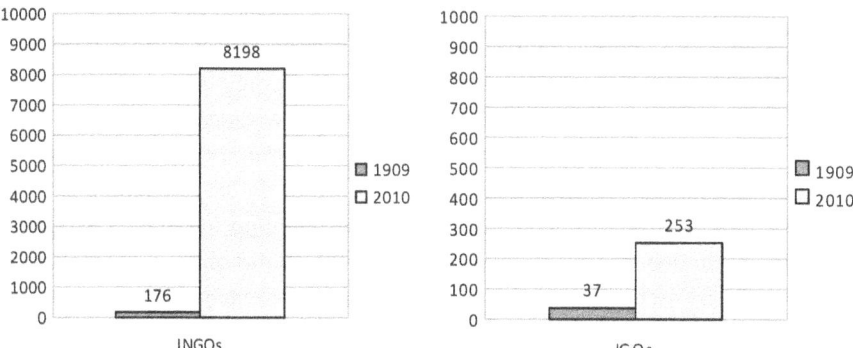

Abbildung 1: Anzahl der Internationalen Nichtregierungsorganisationen (INGOs) und Intergouvernementalen Organisationen (IGOs) in den Jahren 1909 und 2010

Über diese Organisationen hinaus bildeten sich immer mehr Politiknetzwerke und *Public-Private-Partnerships*, die in unterschiedlichen Akteurskonstellationen zusammenarbeiteten.

Neben der zunehmenden Institutionalisierung und Formalisierung transnationaler – also nicht mehr ausschließlich zwischenstaatlicher – Kooperation ist auch, wie oben bereits angedeutet, eine zunehmende Verrechtlichung internationaler Politik zu beobachten. Das heißt, dass das Problem der internationalen Steuerung, das dadurch entstanden ist, dass nationalstaatliche Regelwerke auf der Ebene eines globalen Regierens an Wirksamkeit verlieren und die Entwicklung internationaler Regelwerke hinter den Erfordernissen einer immer stärker vernetzten internationalen Politik zurück fiel, gezielt angegangen wurde: „Durch den Prozess der Globalisierung ist also kein rechtsfreier Raum entstanden, eine Sphäre, die dem Geltungsbereich nationalen Rechts entzogen ist und die aufgrund des Fehlens eines globalen „Leviathans" ausschließlich machtbasiert ist."[47]

Die Rechtsbildung auf internationaler Ebene geht dabei in unterschiedlicher Form vonstatten. Das internationale Recht unterscheidet hier zwischen dem so genannten *„soft law"* und dem *„hard law"*. Unter *Soft Law* versteht man im Allgemeinen rechtlich unverbindliche aber dennoch rechtlich relevante soziale Normen, die durch Staaten oder andere Völkerrechtssubjekte aufgestellt werden.[48] Darunter fallen beispielsweise UN-Resolutionen, Handlungsempfehlungen (*Codes of Conduct*) oder Rahmenkonventionen, wie die Klima-Rahmenkonvention der Vereinten Nationen (UNFCCC). Auch die Normenbildung zwischen privaten Akteuren wird allgemein als *Soft Law* eingestuft.[49] *Hard Law* hingegen bezieht sich auf *„legally binding obligations that are precise (or can be made precise through adjudication or the issuance of detailed regulations) and that delegate authority for interpreting and implementing the law"*.[50] Beispiele für *Hard Law* in den Internationalen Beziehungen sind das oben genannte GATT oder der Europäische Gerichtshof, die sogar als verfassungsähnliche Gebilde bezeichnet werden können. In diesem Falle spricht man auch von einer Konstitutionalisierung des Völkerrechts.[51]

---

47 Grande, Edgar. 2009. *Global Governance*. Beitrag auf Basis der Ergebnisse des Forschungsprojekts „Globalisierung und die Zukunft des Nationalstaats", gefördert durch die Deutsche Forschungsgemeinschaft. http://192.68.214.70/blz/web/100111/257_274_grande_IP.pdf. Zugegriffen: 5. Mai 2013. S. 263.
48 Thürer, Daniel. 2009. Soft Law. In *Max Planck Encyclopedia of Public International Law*. http://www.mpepil.com/subscriber_article?script=yes&id=/epil/entries/law-9780199231690-e1469&recno=47&letter=S. Zugegriffen: 13. November 2012.
49 Vgl. die Enquete-Kommission des Deutschen Bundestages. 2002. Globalisierung der Weltwirtschaft. Herausforderungen und Antworten. Schlussbericht, Drucksache 14/900. http://dipbt.bundestag.de/dip21/btd/14/092/1409200.pdf. Zugegriffen: 3. Mai 2013.
50 Abbott, Kenneth W., Snidal, Duncan. 2000. Hard and Soft Law in International Governance. *International Organization* 54 (3): 421-456.
51 Vgl. hierzu Emmerich-Fritsche, Angelika. 2007. *Vom Völkerrecht zum Weltrecht*. Berlin: Duncker & Humblot.

Soft Law und Hard Law unterscheiden sich also im Grad der Verbindlichkeit von Normen, der Präzision von Normen und der Möglichkeit der Delegation von Durchsetzungsmacht.[52] Mit internationalen Übereinkommen im Rahmen von Soft Law gehen Staaten somit zwar eine gewisse Verpflichtung ein, entziehen sich aber den negativen Konsequenzen verbindlichen Rechts, die insbesondere die Durchsetzung der vereinbarten Regeln betreffen. Dabei ist es durchaus möglich, dass sich aus einem Soft Law im Laufe der Zeit ein völkerrechtlich verbindliches Hard Law entwickelt – wie es etwa mit dem Inkrafttreten des Kyoto-Protokolls 2005 der Fall war, das sich aus der Klimarahmenkonvention UNFCCC herausgebildet hatte.[53] Die Verrechtlichung des transnationalen Regierens äußert sich also zum einen in der zunehmenden Konstitutionalisierung von Völkerrecht, so in Form der Streitschlichtungsverfahren. Es äußert sich zum anderen in dem Bedeutungszuwachs von Soft Law, das einen Großteil der internationalen Übereinkommen umfasst und nicht zuletzt aufgrund seiner einfacheren Zielerreichung und des Handlungsspielraums, den es für Staaten aufrechterhält, große Beliebtheit erlangt hat.

Ein weiteres Indiz für die Entwicklung einer Global Governance ist die zunehmende Aufmerksamkeit, die ihr seitens unterschiedlichster Forschungsdisziplinen zukommt. Sich entwickelnde Untersuchungsgegenstände und Lösungsstrategien wie eine Global Health Governance oder eine Global Internet Governance ergänzen das bereits bestehende Forschungsspektrum zu klassischeren Kooperationsbereichen wie der Abrüstung.[54]

---

52 Vgl. Abbott, Kenneth W., Snidal, Duncan. 2000. Hard and Soft Law in International Governance. *International Organization* 54 (3): 421-456. Grande, Edgar. 2009. *Global Governance.* Beitrag auf Basis der Ergebnisse des Forschungsprojekts „Globalisierung und die Zukunft des Nationalstaats", gefördert durch die Deutsche Forschungsgemeinschaft. http://192.68.214.70/blz/web/100111/257_274_grande_IP.pdf. Zugegriffen: 3. Mai 2013. S. 263-264.

53 Vgl. Multilateral Environmental Agreement Negotiator's Handbook. 2007. http://unfccc.int/-resource/docs/publications/negotiators_handbook.pdf. Zugegriffen: 3. Mai 2013.

54 Vgl. zu Global Health Governance: Hein, Wolfgang. 2010. Gesundheit, soziale Ungleichheit und Global Health Governance. In *Soziologie der globalen Gesellschaft. Eine Einführung,* hrsg. F. Kolland, P. Dannecker, A. Gächter, C. Suter, 174-208. Wien: Mandelbaum Verlag. Hein, Wolfgang, Kickbusch, Ilona, Silberschmidt, Gaudenz. 2010. Addressing Global Health Governance Challenges through a New

4.2 Global Governance und die Einhaltung von Übereinkommen

Die obigen Erkenntnisse zu den fortschreitenden Entwicklungen von internationaler Kooperation in Form von Zuwachs und Verrechtlichung internationaler bzw. transnationaler Institutionen führen uns nun direkt zu der Frage, wie es denn um die Befolgung der in den internationalen Übereinkommen festgelegten Verhaltensregeln, um die sogenannte „compliance"[55] steht. Von welchen Faktoren hängt es ab, ob ein Übereinkommen eingehalten wird oder nicht? Und wie wird mit Staaten umgegangen, die sich nicht an die vereinbarten Regeln halten? Haben die vielen verschiedenen Übereinkommen hauptsächlich Symbolcharakter oder stehen dahinter wahrhaftige Interessen, internationale Kooperation im Sinne einer *Global Governance* auszubauen und zu stärken?

An erster Stelle soll hier kurz auf die Unterscheidung zwischen der Anerkennung und der Einhaltung von internationalen Übereinkommen hingewiesen werden. Die Anerkennung eines Übereinkommens wird in dem Moment bezeugt, in dem ein Staat seine Unterschrift darunter setzt. Dies bedeutet aber noch lange nicht, dass der Unterzeichner-Staat willens oder imstande ist, die darin formulierten Regeln auch zu befolgen: *"Even if a state may believe that signing a treaty is in its best interest, the political calculations associated with the subsequent decision actually to comply with international agreements are distinct and quite different."*[56] Es zeigt sich in verschiedenen Fällen, beispiels-

---

Mechanism: The Proposal for a Committee C of the World Health Assembly. *Journal of Law Medicine and Ethics* 3(38): 550-563. Zu Global Internet Governance: Machill, Marcel, Hamm, Ingrid. 2001. *Wer regiert das Internet? ICANN als Fallbeispiel für Global Internet Governance*. Gütersloh: Verlag Bertelsmann Stiftung. Zur Nichtverbreitung von Massenvernichtungswaffen: vgl. Meier, Oliver. 2008. Verification Regimes. In *Encyclopedia of Violence, Peace and Conflict*, hrsg. L. Kurtz, 2251-2261. 2nd edition San Diego: Elsevier. Meier, Oliver. 2007. Nichtverbreitung von Nuklearwaffen: Ist der Vertrag noch zu retten? In *Friedensgutachten 2009*, hrsg. J. Hippler, C. Fröhlich, M. Johannsen, B. Schoch, A. Heinemann-Grüder, 201-213. Münster: LIT-Verlag.

55 Young, Oran. 1979. *Compliance and public authority. A theory with international applications*. Baltimore, London: Johns Hopkins University Press.

56 Haas, P.M. 1998. Compliance with EU Directives: Insights from International Relations and Comparative Politics. *Journal of European Public Policy* 5 (1): S. 19.

weise bei der Unterzeichnung der universellen Menschenrechtserklärung, dass zwischen formaler Anerkennung und *Compliance* Welten liegen können.

Compliance ist auch nicht gleichzusetzen mit der Implementation von internationalen Übereinkommen. Implementation meint hier die Einführung oder Anpassung nationaler Gesetze oder Regulierungen entsprechend der im Übereinkommen festgeschriebenen Regeln.[57] Somit kann Implementation *Compliance* auf internationaler Ebene zwar erleichtern, sagt aber noch nicht genügend über die tatsächliche Einhaltung der – nun gesetzlich oder politisch verankerten – Regeln aus. Eine weitere Differenzierung muss zwischen der *Compliance* und der Effektivität einer internationalen Institution erfolgen. Effektivität geht über *Compliance* hinaus, denn sie bezieht sich auf die Fähigkeit zur Problemlösung, auf die Erreichung der Ziele, die der Institution zugrunde liegen (z. B. die Reduzierung der Umweltverschmutzung). Während aber etwa ein Umweltabkommen ohne weiteres eine hohe *Compliance*-Rate erzielen kann, kann es gleichzeitig enorm ineffektiv sein und wenig zur Lösung des eigentlichen Problems beitragen, weil es etwa – bewusst oder unbewusst – schlecht konzipiert wurde. *Compliance* ist also eine notwendige Bedingung von Effektivität, jedoch keine hinreichende.[58]

Nach dieser Abgrenzung der eng miteinander einhergehenden Untersuchungsgegenstände, muss noch darauf hingewiesen werden, dass das Verständnis von *Compliance* aufgrund der verschiedenen Einflüsse aus unterschied-

---

57 Joachim, Jutta, Reinalda, Bob, Verbeek, Bertjan. 2008. *International Organizations and Implementation. Enforcers, managers, authorities?* Abingdon, Oxon: Routledge.

58 Vgl. Simmons, Beth A. Compliance with International Agreements. The Annual Review of Political Science. 1:75-93. S.77-78, Underdal A. 2002. One Question, Two Answers. In *Environmental Regime Effectiveness: Confronting Theory with Evidence*, hrsg. E.L. Miles, A. Underdal, S. Andresen, J. Wettestad, J.B. Skjærseth, 3-46. Cambridge: Cambridge University Press. Zürn, Michael. 2005. Introduction. Law and compliance at different levels. In *Law and Governance in Postnational Europe. Compliance beyond the Nation-State*, hrsg. M. Zürn, C. Joerges, 1-39. Cambridge: Cambridge University Press.

lichen Forschungsdisziplinen nicht immer einheitlich und die Messung von *Compliance* nicht immer eindeutig ist.[59]

Trotz einiger Schwierigkeiten bei der Bestimmung von *Compliance*, können jedoch grundsätzliche Faktoren ausgemacht werden, die die Einhaltung oder Nichteinhaltung vertraglich vereinbarter Regeln erklären. Diese Faktoren variieren je nach theoretischer Perspektive auf das Phänomen. Dabei liegt der ganzen Diskussion die zentrale Frage zugrunde, ob internationale Rechtsprechung jenseits des Nationalstaates überhaupt möglich ist und das Verhalten von Staaten beeinflussen kann. Denn Recht macht nicht nur eine hohe *Compliance*-Rate erforderlich, sondern eine hohe Rate an Regeleinhaltung gepaart mit der gebotenen rechtlichen Gleichstellung aller Vertragspartner verlangt wiederum eine beauftragte Instanz, die wirksam für die Durchsetzung des Rechts sorgen kann.

Wenig überraschend widerstrebt dies der Perspektive der (Neo-)Realisten, die die obige Frage verneinen würden. Angesichts der Abwesenheit internationaler rechtlicher Mechanismen zur Durchsetzung von Verträgen oder Übereinkommen sind es in ihren Augen die Eigeninteressen von Staaten, die darüber entscheiden, ob ein Übereinkommen erstens akzeptiert und zweitens eingehalten wird. Das Völkerrecht ist gemäß der Tradition nationalstaatlicher Souveränität darauf ausgelegt, dass Staaten die Umsetzung ihrer Übereinkommen selbst regeln. Und selbst dort, wo Strafverfolgungsmechanismen existieren, wie etwa bei den Vereinten Nationen oder in der Europäischen Union, werden Staaten durch die damit verbundenen Sanktionsmöglichkeiten nicht automatisch davon abgehalten, bestehendes internationales Recht zu brechen. Das prominenteste Beispiel der jüngsten Vergangenheit ist die Missachtung des Völkerrechts durch die USA infolge der Ereignisse des 11. Septembers 2001, als diese zwei Jahre später ohne UN-Mandat in den Irak einzogen. Die Wirksamkeit von internationalem Recht wird jedoch nicht nur von Realisten angezweifelt, sondern auch von Stimmen, die der Ansicht sind, Recht könne nur innerhalb von Gemeinschaften greifen, welche auf gemeinsamen Werten und Ideen beruhen und

---

59 Vgl. Fisher, Roger. 1981. *Improving Compliance with International Law*. Charlottesville: University Press of Virginia. Vgl. auch Simmons, Beth A. Compliance with International Agreements. The Annual Review of Political Science. 1:75-93.

deshalb eng mit Nationalstaatlichkeit einhergehen.[60] Für diese Perspektive entwickelt Michael Zürn folgende Hypothese:

„Any given regulation, and especially those with significant incentives to defect (deep co-operation), enjoys better compliance within a national political system, with a material hierarchy and an established national community, than it does within a system beyond the nation-state."[61]

Als Antwort auf die empirische Realität, nämlich die Tatsache, dass erstaunlich viele Regelungen auf internationaler Ebene eingehalten werden, formierte sich jedoch eine Gegenmeinung. *Compliance* ist demnach nicht davon abhängig, dass eine nationalstaatliche Autorität sie per Gewaltmonopol durchsetzt, sondern: „*Compliance with regulations varies with, among other things, the legitimacy, the legalization, the reflexivity and the availability of institutionalized horizontal coercion, and is not dependent on the existence of a national context.*"[62] Diese Gegenhypothese umfasst Perspektiven aus Internationale Beziehungen-Theorien, aber auch aus Theorien des Internationalen Rechts.

Daraus ergeben sich insgesamt vier Formen von *Non-Compliance*, die sich danach unterscheiden, ob die Nichtbefolgung der Normen freiwillig oder unfreiwillig geschieht und ob damit das gesamte Regelwerk in Frage gestellt wird oder nicht. Die erste Form ist der Betrug, bei dem ein Akteur die Regeln bewusst zu seinem Vorteil ausnutzt. Subventionen zur Schaffung eines einseitigen Wettbewerbsvorteils sind hierfür ein Beispiel. Die Mehrdeutigkeit eines Regelwerks ist eine weitere Quelle von *Non-Compliance*, die nicht unbedingt absichtlich ausgenutzt wird oder dem regelwidrigen Akteur Vorteile verschafft. Wenn eine internationale Vorschrift als falsch betrachtet wird, liegt ein weiterer Grund für *Non-Compliance* vor. Dann befolgen Akteure diese Regel oftmals ganz bewusst nicht, womit sie in Frage gestellt wird. Zivilgesellschaftlicher Widerstand ist dafür ein klares Beispiel. Die vierte, unfreiwillige Form der Nichteinhal-

---

60 Kielmansegg, Peter Graf. 1994. Lässt sich die Europäische Gemeinschaft demokratisch verfassen? *Europäische Rundschau* 22 (2): 23–33. Miller, David. 1995. *On Nationality*. Oxford: Clarendon Press.
61 Zürn, Michael. 2005. Introduction. Law and compliance at different levels. In Law and Governance in Postnational Europe. Compliance beyond the Nation-State, hrsg. M. Zürn, C. Joerges, 1-39. Cambridge: Cambridge University Press. S. 6.
62 Ebd.

tung von Normen ist die Unfähigkeit, diese aufgrund fehlender Kapazitäten einzuhalten. Dies kann unter Umständen auch das Regelwerk als Ganzes in Frage stellen.

Entgegen der realistischen Sicht sind es in dieser Global Governance-freundlichen Perspektive „the power of the legitimacy of legal norms, the way legal norms work once they are established, and the smart management of cases of alleged non-compliance, that [...] lead to compliance".[63]

Betrug als Gefahr für *Non-Compliance* kann dem *Rational Choice*-Ansatz des Institutionalismus zugerechnet werden. Wie im Rahmen der obigen Theorien-Diskussion bereits festgestellt wurde, geht dieser Ansatz davon aus, dass einheitlich rationale Akteure mit feststehenden Interessen auf Grundlage einer Kosten-Nutzen-Kalkulation handeln. Fällt diese Bilanz positiv aus, sind Akteure bereit, zu kooperieren. Dabei besteht die Versuchung, die erwarteten Vorteile ohne die Aufbringung der damit verbundenen Kosten zu erreichen (*Free Rider*-Problematik) und gleichzeitig steht die Gefahr im Raume, dass der Betrug seitens eines oder mehrerer Akteure zu höheren Kosten für die anderen Akteure führt, was wiederum die gesamte Kooperation gefährdet. Die Lösung des *Cheating*-Problems wird in der Etablierung übergeordneter Institutionen – auch jenseits des Nationalstaates – mit Sanktionsgewalt gesehen, die die Kosten für *Non-Compliance* derart in die Höhe treiben, dass sich Betrug schlichtweg nicht mehr lohnt. Allerdings gibt es in dieser Perspektive auch die Möglichkeit von Kooperation ohne Sanktionsdrohung – wenn etwa für keinen Akteur Anreize bestehen, zu betrügen oder horizontale, sprich gleichberechtigte Durchsetzungs- und Kontrollmacht besteht. Dies hängt maßgeblich von dem institutionellen Design eines Übereinkommens ab, das auch die Kontroll- und Sanktionskosten bestimmt.[64]

Die Mehrdeutigkeit einer Regel und damit verbundene Schwierigkeiten bei ihrer Umsetzung sind eine weitere Quelle für *Non-Compliance*. Durch die Einbindung einer Regel bzw. eines Regelwerks in ein Rechtssystem kann ihre Präzi-

---

63 Ebd. S.5.
64 Keohane, Robert O. 1984. *After Hegemony. Cooperation and Discord in the World Political Economy*. Princeton: Princeton University Press. Axelrod, Robert, Keohane, Robert O. 1985. Achieving Cooperation under Anarchy. Strategies and Institutions. *World Politics* 38 (1): 226-254.

sierung gewährleistet werden und ihre Interpretation z.B. durch die Einrichtung von Streitschlichtungsverfahren erfolgen.[65] Die „Verrechtlichung" von Institutionen fördert also die *Compliance* ihrer zugrunde liegenden Regeln. Dieses Verständnis knüpft an die oben bereits thematisierte Unterscheidung von *Soft Law* und *Hard Law* an. Demnach wird die *Compliance*-Rate einer Institution umso höher, je verbindlicher und präziser die Normen sind und je einfacher sie an außenstehende Durchsetzungsinstanzen delegiert werden können.[66] Der Trend geht damit in Richtung supranationale Institutionen. Das hieße vereinfacht: *Hard Law* garantiert bessere *Compliance* als *Soft Law*. Zürn zieht neben der Verrechtlichung noch die Internalisierung von Normen als *Compliance*-förderndes Element der Legalisierung von Institutionen hinzu. Rechtliche Internalisierung einerseits meint, dass Verhaltensregeln, die außerhalb des Nationalstaates entwickelt wurden, sich direkt auf ihre Adressaten auswirken (im Falle von EU-Recht auf sämtliche EU-Bürger). Zivile Internalisierung bezeichnet andererseits die Verfügbarkeit von individuell einklagbaren Bürgerrechten für die von den Normen Betroffenen.[67] Je höher also die Verrechtlichung und Internalisierung von internationalen Normen, desto größer sind die Chancen auf *Compliance*.

Die fehlende Akzeptanz einer Norm ist eine weitere Quelle von *Non-Compliance*. Eine bedeutende Grundlage für die Regelbefolgung durch Staaten stellt demnach die Legitimität einer Institution dar – und zwar bei ihrem Aufbau und bei ihrer Anwendung. Von der (empirischen) Legitimität eines Regelwerkes wird in erster Linie dann gesprochen, wenn es die Zustimmung seiner Adressaten erhält. Darüber hinaus spielen im normativen Verständnis von Legitimität die Fairness von Rechtsbildungs- und Entscheidungsverfahren – etwa in Form des Abstimmungsprinzips der Einstimmigkeit – und der Output eines Regelwerks gemessen an seinem Gemeinwohl eine Rolle.

---

65 Hart, Herbert, Lionel, Adolphus. 1972. *The Concept of Law*. Oxford: Clarendon.
66 Abbott, Kenneth W., Snidal, Duncan. 2000. Hard and Soft Law in International Governance. *International Organization* 54 (3): 421-456.
67 Zürn, Michael, Wolf, Dieter.1999. Europarecht und internationale Regime: Zu den Merkmalen von Recht jenseits des Nationalstaates. In *Recht jenseits des Staates*, hrsg. J. Neyer, D. Wolf, M. Zürn, Zentrum für Europäische Rechtspolitik.

„In der Summe lässt sich ein normativer Begriff demokratischer Legitimität jenseits des Nationalstaats daher in die Forderung nach der angemessenen Einbindung aller Betroffenen (Inklusivität), nach Transparenz und politischer Verantwortlichkeit (demokratische Kontrolle) und nach einem argumentativen Charakter der Meinungs- und Willensbildung (diskursive Qualität) übersetzen."[68]

Die Bedeutung normativer Legitimität für internationale Übereinkommen hat in den letzten Jahren kontinuierlich zugenommen. Gerade durch die Beteiligung neuer Akteure an den multilateralen Verhandlungen, ist die rein auf zwischenstaatliche Regelwerke bezogene „empirische" Legitimität unzureichend geworden. Vermehrt mussten Staaten in den vergangenen Jahrzehnten der Forderung von Seiten der NGOs und multinationalen Unternehmen nach der Mitgestaltung von *Global Governance* nachgeben. Auch wurden die Rufe von NGOs, (supra-)nationalen Parlamenten und der Zivilgesellschaft nach Rechenschaftspflicht und Transparenz in internationalen Institutionen immer lauter.[69] In einigen Fällen ähneln die internationalen Konferenzen und Treffen privaten Clubs, von denen die Öffentlichkeit komplett ausgeschlossen wird. Diese Vorwürfe bestehen etwa gegenüber Weltbank und IWF, aber auch der WTO.[70] Das somit vielseitig entstandene Demokratiedefizit auf internationaler Ebene hat oftmals einen Legitimitätsverlust zur Folge, der wiederum eine ernsthafte Gefahr für die *Compliance* internationaler Übereinkommen darstellt.

Betrachtet man die Ereignisse der jüngeren Vergangenheit wie die teilweise gewaltsamen Proteste im Rahmen der G8-Treffen, die Weigerung der USA, das Statut zur Errichtung des Internationalen Strafgerichtshof oder auch das Kyoto-Protokoll zu unterschreiben, und das Scheitern der Ratifikation des

---

68 Dingwerth, Klaus. 2004. Effektivität und Legitimität globaler Politiknetzwerke. In *Unternehmen in der Weltpolitik: Politiknetzwerke, Unternehmensregeln und die Zukunft des Multilateralismus*, hrsg. T. Brühl, H. Feldt, B. Hamm, H. Hummel, J. Martens, Bonn: Dietz Verlag. S. 8.

69 Was die Auseinandersetzung mit der legitimitätsfördernden Funktion von NGOs betrifft vgl. Anderson, Kenneth. 2011. Accountability as legitimacy: Global Governance, Global Civil Society and the United Nations. http://papers.ssrn.com/sol3/papers.cfm?abstract_id=1886470. Zugegriffen: 3. Mai 2013.

70 Karns, Margaret P., Mingst, Karen A. 2004. *International Organizations. The Politics and Processes of Global Governance*. London: Lyenne Rienner. S. 32.

EU-Verfassungsvertrages, so wird das Legitimitätsproblem einiger internationaler Institutionen deutlich. Gerade im Falle der USA ist am Beispiel der internationalen Umweltpolitik gut zu beobachten, welche Wirkung nationale Interessengruppen auf die Entscheidungen ihrer Regierung zu globalen Themen entfalten können, die wiederum zu einer inkonsistenten Politik-Strategie führen kann. So haben die starken zivilgesellschaftlichen Umweltbündnisse in den USA dazu geführt, dass das Land die Schaffung von internationalen Regimen zum Schutz der Ozonschicht nachdrücklich gefördert hat. Bei den Themen Biodiversität und Klimawandel jedoch unterlagen die Umweltschützer der mächtigeren Industrielobby und die US-Regierung blockierte diesbezüglich den internationalen Kooperationswillen.[71]

Zürn (2005) diagnostiziert angesichts dieser Entwicklungen eine „Krise des Multilateralismus", die eine Reform internationaler Institutionen dringend erforderlich macht. Dementsprechend müsse der exekutive Multilateralismus durch einen gesellschaftlich gestützten, demokratisch legitimierten Multilateralismus ersetzt werden. Geltendes Recht müsse somit fortan an demokratische Verfahren und öffentliche Unterstützung gekoppelt werden, um zu verhindern, dass das Demokratiedefizit und das *Compliance*-Problem weiter verstärkt werden. Die Erweiterung der Zuständigkeiten des EU-Parlaments und die zunehmende Öffnung von EU und WTO gegenüber neuen Formen der Partizipation nichtstaatlicher Akteure spricht für erste Schritte in einem Lernprozess, der eine Annäherung an die aktuellen globalen Gegebenheiten und damit an transnationales Regieren in einem Mehrebenensystem ermöglicht.[72]

Die vierte Perspektive, die auf den Mangel an Kapazitäten beziehungsweise Ressourcen als Grund für *Non-Compliance* hindeutet, bezieht sich auf Implementationsprobleme. Diese Perspektive fordert den *Enforcement*-Ansatz heraus, indem sie behauptet, Sanktionen beziehungsweise erzwungene Durchsetzungsmechanismen würden selten vertraglich verankert und selbst wenn, sel-

---

71 Haas, Peter M. 2001. Environment: Pollution. In *Managing global issues. Lessons learned*, hrsg. P.J. Simmons, C. de Jonge Oudraat, 310-353.Washington, D.C.: Carnegie Foundation.
72 Zürn, Michael, Joerges, Christian. 2005. *Law and Governance in Postnational Europe. Compliance beyond the Nation-State*. Cambridge: Cambridge University Press. S. 215-217.

ten befolgt, und seien zudem oftmals ineffektiv.[73] Demgegenüber wird ein kontinuierlicher Normüberprüfungs- und -anpassungsprozess vorgeschlagen, der von der Erstellung des Regelwerks bis zu seiner Umsetzung in Gang ist und damit für diesen gesamten Entwicklungsprozess internationaler Institutionen immer wieder die Einhaltung der Effektivitätskriterien einer Norm sicherstellt. Somit können Normen sich verändernden äußeren und inneren Gegebenheiten – und damit auch der partiellen oder temporären Unfähigkeit einiger Akteure zur *Compliance* – im Verlaufe der Zeit angepasst werden. Das erfolgreiche *Compliance*-Management setzt voraus, dass allen Beteiligten ausreichende administrative, finanzielle und technische Ressourcen zur Implementierung der Normen zur Verfügung stehen und dass ein hohes Niveau von Reflexion und Flexibilität existiert, das die Nutzung der erforderlichen fachlichen Expertise (*Epistemic Communities*) und damit eine stets aktualisierte problemangemessene Strategie ermöglicht.[74]

An dieser letzten so genannten „*managerial school*" wird seitens des *Enforcement*-Ansatzes jedoch deutlich Kritik geäußert: Die Erzwingung der Normendurchsetzung war demnach nur deshalb scheinbar unbedeutend für die hohen *Compliance*-Raten der vergangenen Jahrzehnte, weil es sich bei den von Management-Theoretikern untersuchten Fällen meist um Übereinkommen handelte, die den beteiligten Staaten wenig abverlangten und wenige Vorteile versprachen und deshalb auch wenig Anreize zur *Non-Compliance* gaben. Der künftige Ausbau internationaler Kooperation wird in ihren Augen selbst bei hohen Vorteilen für Staaten die Anreize zur Nichtbefolgung der Regeln automa-

---

73 Chayes, Abram, Handler Chayes, Antonia. 1995. *The New Sovereignty. Compliance with International Regulatory Agreements*. Cambridge: Harvard University Press. S. 32.
74 Ebd. und Haas, Peter M. 1998. Compliance with EU Directives: Insights from International Relations and Comparative Politics. *Journal of European Public Policy* 5 (1): 17-37. Zürn, Michael; Joerges, Christian. 2005. *Law and Governance in Postnational Europe. Compliance beyond the Nation-State*. Cambridge: Cambridge University Press.

tisch erhöhen – und dann werde *Compliance* ohne *Enforcement* kaum funktionieren.[75]

Welche der angeführten Perspektiven hat nun die größte Erklärungskraft und welche Strategie zur Stärkung von *Compliance* die größte Wirkung? Michael Zürn und Christian Joerges kamen in ihrem Band zunächst einmal zu dem bedeutsamen Ergebnis, dass *Compliance* jenseits des Nationalstaates ebenso gut funktioniert wie im nationalen Kontext. Daraus folgern die Autoren, dass gesetzliche Hierarchien, institutionalisiertes Monitoring und Sanktionsmechanismen auch in einem horizontalen Kontext ihre Wirkung entfalten können. So wurden etwa bei Subventionskontrollen auf Ebene der deutschen Bundesländer häufiger Regelbrüche festgestellt als bei gleichwertigen Regelungen auf EU- oder internationaler Ebene.[76]

Was die vier Perspektiven auf *Compliance* betrifft, so wird insbesondere dem institutionalistischen Ansatz, dem Legalisationsansatz sowie dem Legitimationsansatz für die Einhaltung von Normen Bedeutung zugesprochen. Legalisierung im Verständnis der Kombination aus Verrechtlichung und den beiden Formen von Internalisierung scheint *Compliance* besonders zu fördern und kann teilweise auch die horizontale Erzwingung der Normeinhaltung ersetzen. Gerade die EU kann hier als Beispiel angeführt werden, da ihre verhältnismäßig hohe *Compliance*-Rate auf die relativ starke Legalisierung ihres *Compliance*-Systems – auf ihre gesetzliche Hierarchie – zurückgeführt werden kann und auf die gut funktionierenden Monitoring- und Sanktionsmechanismen.

Gehen die Vorgaben des rationalen Institutionalismus mit einem hohen Grad an Legalisation einher, scheinen Durchsetzungsmechanismen geschaffen zu werden, die der hierarchischen Erzwingung von Normeinhaltung überlegen sind. Diese Kombination funktioniert in den meisten Fällen und führt ebenfalls zu hohen *Compliance*-Raten.

---

75 Downs, George W., Rocke, David M., Barsoom, Peter N. 1996. Is the Good News About Compliance Good News About Cooperation? *International Organization* 50 (3): 379–406.

76 Wolf, Dieter. 2005. State aid control at the national, European and international level. In *Law and Governance in Postnational Europe.Compliance beyond the Nation-State*, hrsg. M. Zürn, C. Joerges, 65-117. Cambridge: Cambridge University Press.

Allerdings greifen diese beiden Ansätze dann nicht mehr, wenn Institutionen die Rückendeckung ihrer Adressaten und des mit ihnen verbundenen öffentlichen Diskurs fehlt. Gerade wenn stark legalisierte Institutionen wie beispielsweise internationale Gerichtshöfe unter Druck geraten, scheint Legitimität den entscheidenden Erklärungsansatz für *Compliance* darzustellen.

Das *Compliance*-Management scheint als einzige der vier Perspektiven für die von Zürn und Joerges untersuchten Fälle wenig Relevanz zu besitzen. Trotz der Anerkennung der Bedeutung von Ressourcen als Grundlage für die erfolgreiche Implementierung von Normen verfügt das *Capacity*-Argument über keine Erklärungskraft. Der Aspekt des Wissensaustauschs und der Hinzuziehung von Experten als Mittel zur Normanwendung scheint hingegen größeren Einfluss auf *Compliance* zu entwickeln.[77] Diese Trends wurden auch von anderen Studien belegt.[78]

Trotz einiger hinzugewonnener Erkenntnisse stehen für die Fragen nach den Gründen von *Compliance* und *Non-Compliance*, wie auch nach der Implementierung und Effektivität von internationalen Institutionen einige Antworten aus. Und selbst wenn die bestmögliche Strategie zur Gewährleistung der *Compliance* für eine internationale Institution identifiziert wurde, muss diese erst einmal von den beteiligten Akteuren akzeptiert und vertraglich verankert werden. Dies dürfte bei der Schaffung neuer Institutionen im Voraus wahrscheinlicher sein, als für die Schaffung einer *Compliance*-fördernden Norm in einer bereits bestehenden Institution, die das Kosten-Nutzen-Verhältnis nicht immer zur Freude alle Beteiligten neu sortieren würde. Dies ist unter anderem an dem stockenden Reformprozess der Vereinten Nationen sichtbar.

---

77 Zürn, Michael. 2005. Introduction: law and compliance at different levels. In *Law and Governance in Postnational Europe.Compliance beyond the Nation-State*, hrsg. M. Zürn, C. Joerges, 31 -34. Cambridge: Cambridge University Press.

78 Vgl. Mattli, Walter,Slaughter, Anne-Marie. 1998. Revisiting the European Cort of Justice. *International Organization* 52 (1): 177-209. Stone Sweet, Alec, Caporaso, James A. 1998. From Free Trade to Supranational Polity: The European Court of Integration. In *European integration and supranational governance*, hrsg. W. Sandholtz, A. Stone Sweet, 92-134. New York: Oxford University Press. Chayes, Abram, Handler Chayes, Antonia. 1993. On Compliance. *International Organization* 47 (2): 175-905. Chayes, Abram, Handler Chayes, Antonia. 1995. *The New Sovereignty. Compliance with International Regulatory Agreements*. Cambridge: Harvard University Press.

5 Global Governance auf dem Prüfstein

Und nicht zuletzt: Vor welchen Herausforderungen steht internationale Kooperation heute und in Zukunft? Welche Rolle werden Internationale Übereinkommen künftig spielen?

5.1 Die drei Herausforderungen von Global Governance

Obwohl die institutionellen Entwicklungen in Richtung einer *Global Governance* zweifelsfrei zu beobachten sind und auch die Funktionstüchtigkeit transnationaler Regelwerke bereits bestätigt wurde, steht das Regieren jenseits des Nationalstaates noch vor großen Herausforderungen. Der Umgang mit ihnen wird letztlich ausschlaggebend dafür sein, ob das Projekt *Global Governance* zukunftsfähig ist oder ob sich am Ende der exekutive Multilateralismus durchsetzen wird.

Die Umsetzung von *Global Governance* ist mit unterschiedlichen Problemen konfrontiert, die im Folgenden in drei miteinander verwobene Bereiche eingeteilt werden: Komplexität und Fragmentierung, Asymmetrien und Legitimitäts- und Demokratiedefizite.

5.1.1 Komplexität und Fragmentierung

Die *Global Governance*-Architektur steht vor immensen Komplexitätsproblemen: Einerseits muss sie einer wachsenden Anzahl von Akteuren und damit Interessen in politischen (Ver-)Handlungsprozessen gerecht werden. Andererseits werden die Zusammenhänge globaler Probleme immer komplexer. Mit dem Wechsel von der nationalen auf die globale Ebene wird die Regelung dieser beiden sich gegenseitig verstärkenden Probleme also deutlich erschwert. Kulturelle Unterschiede und damit unterschiedliche Herangehensweisen an Probleme sowie die enorme Beschleunigung in Bereichen wie der Technologieentwicklung oder dem Kapitalverkehr erhöhen die Komplexität von *Global Gover-*

nance zusätzlich.[79] In gegenseitiger Wechselwirkung mit dem Komplexitätsproblem steht die Fragmentierung der transnationalen Regelungsstrukturen. Diese äußert sich in isolierten, spezialisierten, sich räumlich und sachlich überlappenden, teilweise konterkarierenden Übereinkommen, die eine Kohärenz deutlich vermissen lassen. Daraus resultierende Konflikte machen sich besonders zwischen wirtschaftlichen und ökologischen oder sozialen Normen bemerkbar.[80]

5.1.2 Asymmetrien

Ein weiterer Problembereich bezieht sich auf Ungleichheiten zwischen den Akteuren von *Global Governance* in Bezug auf finanzielle, institutionelle und personelle Ressourcen. Auf der einen Seite ist es vor allem die wirtschaftliche Asymmetrie zwischen Akteuren, die sich in der Verhandlungsmacht auf internationaler und globaler Ebene niederschlägt. Als stärkste Wirtschaftsmacht im internationalen System haben die USA in der Vergangenheit schon mehrfach einen unilateralen Kurs beansprucht und damit bewusst der Entwicklung von *Global Governance* entgegengewirkt, die ohne sie in vielen Bereichen nicht funktionieren kann. Ähnliche Blockaden wurden in einzelnen Fällen auch bereits seitens Russlands oder Chinas verhängt. Diese ökonomische Ungleichheit spiegelt sich bis heute in der Stimmverteilung einiger internationaler Institutionen wie dem IWF und dem UN-Sicherheitsrat wider, in denen die Industriestaaten die Entwicklungsländer stark dominieren.[81] Aber auch bei der *Compliance* und der Implementierung internationaler Abkommen lassen sich klare Machtspuren und Privilegien-Systeme erkennen. Auf der anderen Seite kann *Global Governance* nicht nur von Industriestaaten, sondern auch von Entwicklungsländern

---

79 Ostrom, Elinor, et al. 1999. Revisiting the Commons. Local Lessons, Global Challenges. *Science* 284, 278-282.
80 Messner, Dirk, Nuscheler, Franz. 2006. Das Konzept Global Governance. Stand und Perspektiven. INEF Report. Institut für Entwicklung und Frieden, Universität Duisburg-Essen. http://inef.uni-due.de/cms/files/report67.pdf. Zugegriffen: 3. Mai 2013. S. 46-47.
81 Ebd. und Ostrom et al. 1999. Revisiting the Commons. Local Lessons, Global Challenges. *Science* 284, 278-282. Raffer, K., Singer, H.W. 2001. *The Foreign Aid Business: Economic Assistance and Development Co-operation*. Cheltenham, Brookfield: Edward Elgar. S. 197-219.

gehemmt werden. Dies ist allerdings auf den personellen und institutionellen Mangel der „Länder des Südens" zurückzuführen, der durch die steigende Komplexität transnationaler Strukturen sowie die unübersichtliche Anzahl an Standards, die ihnen beispielsweise seitens der Bretton-Woods-Institutionen explizit auferlegt wurden, nur verstärkt wird. Obwohl viele globale Probleme maßgeblich nach der Kooperation mit Entwicklungsländern verlangen, wird den besonderen strukturellen Bedingungen und Bedürfnissen dieser Länder bislang wenig Beachtung geschenkt. Gerade aber das Vernachlässigen der Kooperationsbemühungen gegenüber den *Failed States* als Schauplätze enormer Instabilität und hohen Konfliktpotentials kann für die Funktionsfähigkeit von *Global Governance* schwerwiegende Folgen haben.[82]

5.1.3 Legitimitäts- und Demokratiedefizite

Der dritte Bereich, der *Global Governance* bis heute vor große Herausforderungen stellt, und der eng mit den ersten beiden Problembereichen transnationaler Kooperation einhergeht, ist die Frage der Legitimität und damit verbunden der Demokratie internationaler Institutionen. Durch die Verlagerung der Entscheidungen auf die internationale Ebene distanzieren sich oftmals entweder die politischen Abgeordneten von ihrer nationalen demokratischen Legitimationsbasis oder sie werden in Entscheidungen erst gar nicht mehr miteinbezogen (wie etwa bei den Treffen der G8 oder des IWF), was ebenfalls das Demokratie- und Legitimitätsproblem verstärkt. Intransparenz und das Machtgefälle innerhalb von Institutionen (z. B. Stimmverteilung) sind weitere Demokratie mindernde Faktoren. Werden die langen Legitimationsketten nicht ver-

---

[82] Grande, Edgar. 2009. Global Governance. Beitrag auf Basis der Ergebnisse des Forschungsprojekts „Globalisierung und die Zukunft des Nationalstaats", gefördert durch die Deutsche Forschungsgemeinschaft. http://192.68.214.70/blz/web/1001 11/257_274_grande_IP.pdf. Zugegriffen: 3. Mai 2013. S. 269-270. Messner, Dirk, Nuscheler, Franz. 2006. Das Konzept Global Governance. Stand und Perspektiven. INEF Report. Institut für Entwicklung und Frieden, Universität Duisburg-Essen. http://inef.uni-due.de/cms/files/report67.pdf. Zugegriffen: 3. Mai 2013. S. S. 42-45. Vgl. auch Cooper, Robert. 2002. Post-Modern State. In *Reordering the World. The Long Term Implications of September 11*, hrsg. M. Leonard, 11-20. London: Foreign Policy Center.

kürzt, ist es um das von *Global Governance*-Konzepten angestrebte Ziel des umfassenden Multilateralismus schlecht bestellt. Denn die mangelnde Legitimation internationaler Institutionen gepaart mit den zunehmenden Unsicherheiten und sozial- oder auch migrationspolitischen Auswirkungen der Globalisierung birgt zudem die Gefahr einer Re-Nationalisierung, eines Rückbesinnens auf die nationale Souveränität, die sich in der Zunahme des Rechtspopulismus bemerkbar macht. Dieser Trend könnte letztlich das Projekt der *Global Governance* ernsthaft bedrohen.[83]

Das Legitimitätsproblem können jedoch auch die inzwischen häufig an internationalen Übereinkommen beteiligten Nichtregierungsorganisationen, die immer mehr als Demokratiekontrolleure und Förderer der Transparenz internationaler Prozesse an Bedeutung gewinnen, nicht lösen, da sie selbst keine demokratisch legitimierten Akteure sind und vornehmlich ihre heterogenen Eigeninteressen verfolgen. Es müssten also eigene transnationale demokratisch gewählte Parlamente geschaffen werden, um den Demokratie-Ansprüchen von *Global Governance* ernsthaft genügen zu können.[84]

5.2 Das Beispiel der WTO

Am Beispiel der WTO lassen sich die großen Herausforderungen für *Global Governance* und internationale Übereinkommen im Speziellen gut demonstrieren. Obwohl die internationale Organisation über eine relativ fortgeschrittene Legalisierung (zumindest in Hinblick auf Verrechtlichung und legale Internalisierung)[85] und damit über konstitutionelle Merkmale verfügt, weist sie in allen drei

---

83 Grande, Edgar. 2009. *Global Governance*. Beitrag auf Basis der Ergebnisse des Forschungsprojekts „Globalisierung und die Zukunft des Nationalstaats", gefördert durch die Deutsche Forschungsgemeinschaft. http://192.68.214.70/blz/web/10011 1/257_274_grande_IP.pdf. Zugegriffen: 3. Mai 2013. S. 267-269.
84 Vgl. Anderson, Kenneth. 2011. Accountability as legitimacy: Global Governance, Global Civil Society and the United Nations. http://papers.ssrn.com/sol3/papers .cfm?abstract_id=1886470. Zugegriffen: 3. Mai 2013.
85 Vgl. Zürn, Michael, Joerges, Christian. 2005. *Law and Governance in Postnational Europe.Compliance beyond the Nation-State*. Cambridge: Cambridge University Press.

Problembereichen noch bedeutende Mängel auf.Neben der allgemeinen Komplexität der Welthandelsorganisation mit ihren unterschiedlichen Übereinkommen, macht sich besonders das Problem der Fragmentierung bemerkbar. So funktionieren etwa die Regelwerke der Internationalen Arbeitsorganisation (ILO) isoliert neben denen der WTO her und widersprechen diesen auch oftmals, ohne dass es bislang ernsthafte Anstrengungen gab, die Missachtung der Arbeitsnormen auch innerhalb der WTO sanktionierbar zu machen.[86] Dies gilt ebenso für andere, insbesondere Menschenrechtsabkommen: Erhebliches Konfliktpotential besteht zum Beispiel zwischen den Patentschutzregeln der WTO und dem Recht auf Gesundheit – sichtbar an den oft unerschwinglichen Preisen für Medikamente in Entwicklungsländern – oder zwischen WTO-Regeln und Umweltabkommen, so etwa bei der Frage gentechnisch veränderter Nahrungsmittel. Auch das Problem der Asymmetrien spiegelt sich im System der WTO wider. So werden von Seiten der Industrieländer regelmäßig WTO-Regeln in Bezug auf Subventionen und andere Handelshemmnisse nicht eingehalten, während gleichzeitig der Druck auf Entwicklungsländer zur Erfüllung der Welthandelsregeln trotz ihrer begrenzten Kapazitäten verstärkt wird. Diese Ungleichheit ist der WTO vollkommen bewusst, wie sich an einer Rede des Generaldirektors Pascal Lamy erkennen lässt, der von einer „noch nicht abgeschlossenen ökonomischen Dekolonialisierung" spricht.[87] Es kommt hinzu, dass die Handelsregeln im Laufe der Jahre zugunsten von Industrieländern verändert wurden und sogar das Streitschlichtungsverfahren der WTO in einigen Punkten so konzipiert wurde – und bis heute häufig so implementiert wird –, dass es zu Ungunsten der Entwicklungsländer ausfällt. Darüber hinaus sind Letztere aufgrund fehlender Kapazitäten oftmals gar nicht imstande, das Streitschlichtungsverfahren überhaupt zu nutzen.[88] Das heißt selbst dort, wo die Institutionalisie-

---

86 Emmerich-Fritsche, Angelika. 2003. Sozialprinzip und Weltwirtschaftsverfassung am Beispiel von WTO und ILO. In *Der Ökonom als Politiker. Europa, Geld und die soziale Frage*, hrsg. W. Hankel, K.-A. Schachtschneider, J. Starbaty, 125-157. Stuttgart: Lucius Verlag.
87 Lamy, Pascal. 2007. The Doha Round at a Crossroad. WTO News. Speeches. http://www.wto.org/english/news_e/sppl_e/sppl64_e.html. Zugegriffen: 3. Mai 2013.
88 Raffer, Kunibert, Singer H.W. 2001. The economic North-South divide: six decades of unequal development. Cheltenham: Elgar. S. 197-219. Raffer, Kunibert. 2005.

rung von Normen vermeintlich gut funktioniert, bleibt stets zu klären, wie fair und zu wessen Gunsten diese Normen ausgehandelt, interpretiert und durchgesetzt werden. Die Willkürlichkeit einiger Staaten bei der Einhaltung der WTO-Regelwerke aber auch des *Appelate Body* bei der Ausübung seiner Sanktionspflichten hat zusammen mit den zunehmenden Vorwürfen der Intransparenz zu einem bedeutenden Legitimations- und Demokratieproblem für die WTO geführt. Und es sind nicht nur vermehrt NGOs, die das Problem anprangern, sondern immer wieder Mitglieder der WTO selbst.[89]

5.3 Welcher Weg führt zum Ziel?

Diese Frage setzt zunächst voraus, dass klar ist, was genau unser, sprich das Ziel von sieben Milliarden Menschen ist. Ganz grob könnte die Antwort lauten: Die Lösung der aktuellen globalen Probleme. Um die heutigen Probleme des Klimawandels, der zunehmenden sozialen Ungleichheit oder des Terrorismus lösen zu können, bedarf es zweifelsfrei neuer Formen der Koordination und Kooperation jenseits des Nationalstaates. Dieser Trend ist auch auf unterschiedlichen Ebenen, in unterschiedlichen neuen Akteurskonstellationen und einer Reihe neuer Muster des Regierens bereits beobachtbar. Und trotz erkennbarer Errungenschaften muss das Projekt *Global Governance* seine Gültigkeit und Wirksamkeit erst einmal unter Beweis stellen, indem es zeigt, wie es mit den großen Herausforderungen umgehen kann. Hierfür gibt es in der Forschung bereits einige Vorschläge. Als Reaktion auf die zunehmende Akteursvielfalt und das Demokratieproblem stellte David Held Mitte der 1990er Jahre die Idee einer kosmopolitischen Demokratie vor, in der in einem komplexen Mehrebenensystem politi-

---

Reinforcing Divergence between North and South: Unequal Exchange and the WTO Framework. *Journal für Entwicklungspolitik* 21 (4): 6 - 24. Raffer, Kunibert. 2009. Recht und Gerechtigkeit am Beispiel des rechtlichen Rahmenwerks. In *Gerechtigkeit – Um die reche Führung des Lebens*, hrsg. E. Washietl, E. Pfisterer, 141- 152. Schriftenreihe der Waldviertel Akademie. Wien, Berlin: LIT Verlag. Busch, Marc L., Reinhardt, Eric. 2004. The WTO Dispute Settlement. Trade Brief. SIDA. http://www9.georgetown.edu/faculty/mlb66/SIDA.pdf. Zugegriffen: 10. Mai 2013.

89 Cho, Sung Joon. 2005. A quest for WTO's legitimacy. *World Trade Review* 4, 391-399.

sche und gesellschaftliche Akteure in Form von transnationalen Netzwerken zusammenwirken[90]. Auch Michael Zürn hebt zehn Jahre später die Bedeutung demokratischer Verfahren und öffentlicher Unterstützung für den Ausweg aus der „Krise des Multilateralismus" hervor. Anstelle des exekutiven Multilateralismus müsse ein gesellschaftlich gestützter, demokratisch legitimierter Multilateralismus treten.[91] Otfried Höffe sieht in einem auf Subsidiarität beruhenden Weltbundesstaat die zeitgemäße Strategie zur Lösung globaler Probleme, lässt jedoch die Frage offen, wie demokratische Partizipation in diesem Modell gestaltet werden soll.[92] Für den Fall der WTO sehen Robert Howse und Kalypso Nicolaidis eine globale Subsidiarität als geeigneten Weg zu mehr Demokratie und Legitimität im Kontext der Globalisierung. Aus dem Welthandelssystem eine föderale Verfassung (in Anlehnung an das Streitschlichtungsverfahren) zu entwickeln, halten die Autoren für äußerst bedenklich, denn sie sehen darin das Gegenteil des damit angestrebten Legitimationseffekts: eine Ausweitung der Legitimationskrise.[93] Mit dem Paradigmenwechsel vom Völkerrecht zum Weltrecht propagiert Angelika Emmerich-Fritsche hingegen nicht nur eine Weltwirtschaftsverfassung, sondern eine allgemeine Weltverfassung, die nicht mehr die Souveränität der Staaten, sondern die Selbstbestimmung des Menschen und der Völker in das Zentrum stellt. Das unmittelbar gültige und anwendbare Weltrecht ließe das Völkerrecht zwar nicht obsolet werden, würde es aber deutlich einschränken. Die Idee einer Weltverfassung ist jedoch nicht gleichzusetzen mit

---

90 Held, David. 1995. *Democracy and the Global Order. From the Modern State to Cosmopolitan Governance*. Stanford: Stanford University Press.
91 Zürn, Michael. 2005. Introduction: law and compliance at different levels. In *Law and Governance in Postnational Europe.Compliance beyond the Nation-State*, hrsg. M. Zürn, C, Joerges, 1-39. Cambridge: Cambridge University Press.
92 Höffe, Ottfried. 1999. *Demokratie im Zeitalter der Globalisierung*. München: C.H. Beck.
93 Howse, Robert, Nicolaidis, Kalypso. 2003. Enhancing WTO legitimacy. Constitutionalization or Global Subsidiarity? *Deliberately Democratizing Multilateral Organization* http://www.law.nyu.edu/ecm_dlv3/groups/public/@nyu_law-_website__faculty__faculty_profiles__rhowse/documents/documents/ecm_pro_060039.pdf. Zugegriffen: 10. Mai 2013.

der Schaffung eines Weltstaates und erfordert damit auch keine Weltlegislative.[94]

Die Handlungsgrundlage eines Weltrechts wären unter anderem Weltverträge. Dieses Konzept hat wiederum Armin Frey aufgegriffen und definiert einen Weltvertrag als

> „eine multilaterale Übereinkunft zwischen wesentlichen – derzeit vor allem staatlichen oder überstaatlichen – Akteuren, die einen bedeutenden Sachverhalt von globaler Relevanz vor dem Hintergrund einer nachhaltigen und ökosozialen weltweiten politischen Ordnung wirksam regelt oder die Gründung einer Institution zur Regelung solcher Sachverhalte vorsieht."[95]

Das Konzept des Weltvertrags kann als Baustein für ein neues globales Ordnungssystem betrachtet werden, das auf die Prinzipien der ökonomischen, ökologischen und sozialen Nachhaltigkeit gestützt ist. Die Entwicklung formaler und normativer Kriterien, die ein Weltvertrag allesamt erfüllen muss, um als ein solcher bezeichnet zu werden, sollen unter anderem dabei helfen, die Zielerreichung internationaler Übereinkommen besser analysieren, bewerten und damit auch fördern zu können – nicht zuletzt hinsichtlich ihres Beitrags zu den besagten Nachhaltigkeitsprinzipien.[96]

Die hier vorgestellten Ideen und Konzepte haben allesamt den Anspruch, die Legitimität und damit die Problemlösungsfähigkeit internationaler Übereinkommen angesichts aktueller globaler Herausforderungen im Sinne eines Regierens jenseits des Nationalstaates zu erhöhen. Welchen Beitrag sie letztlich wirklich leisten können und wie es um ihre Umsetzungschancen steht, muss Unter-

---

94 Emmerich-Fritsche, Angelika. 2007. *Vom Völkerrecht zum Weltrecht*. Berlin: Duncker & Humblot. Emmerich-Fritsche, Angelika. 2003. Sozialprinzip und Weltwirtschaftsverfassung am Beispiel von WTO und ILO. In *Der Ökonom als Politiker. Europa, Geld und die soziale Frage*, hrsg. W. Hankel, K.-A. Schachtschneider, J. Starbaty, 125-157. Stuttgart: Lucius Verlag.
95 Frey, Armin. 2005. Global Contract Report. Diskussionspapier. Stiftung Weltvertrag. www.weltvertrag.org/e375/e1088/e1092/GCRSWV_Report_01_deutsch_ger.pdf. Zugegriffen: 3. Mai 2013. S. 29.
96 Frey, Armin. 2008. *Zielerreichung internationaler Verträge: Das Konzept Weltvertrag*. Baden-Baden: Nomos. Frey, Armin. 2005. Global Contract Report. Diskussionspapier. Stiftung Weltvertrag. www.weltvertrag.org/e375/e1088/e1092/GCRSWV_Report_01_deutsch_ger.pdf. Zugegriffen: 3. Mai 2013.

suchungsgegenstand der theoretischen und empirischen Forschung sein. Dabei muss sich auch und gerade die noch im Suchprozess befindliche *Global Governance*-Forschung zunächst selbst einigen Herausforderungen stellen, bevor sie wirklich imstande ist, an der Lösung der „Krise des Multilateralismus" mitzuwirken.[97]

6 Fazit

Blickt man auf die heutige Landschaft der grenzüberschreitenden Problemfelder, der immer komplexeren Akteurskonstellationen und der daraus hervorgehenden internationalen Institutionen in der internationalen Politik, so bleibt kein Zweifel, dass sich die Rolle internationaler Übereinkommen darin verändert hat. Damit sie jedoch neben ihrer wachsenden Anzahl und Komplexität auch einen wachsenden Einfluss auf globale Entscheidungsprozesse erlangen können, bedarf es in erster Linie der Befolgung der ihnen zugrunde liegenden Regeln und Normen. Welche Schwierigkeiten diese Bedingung mit sich führt, wurde in dem vorliegenden Beitrag aufgezeigt. Wollen internationale Übereinkommen die Erreichung ihrer Ziele gewährleisten, werden zusätzliche Kriterien notwendig, die die Überprüfung der Einhaltung und Effektivität eines Übereinkommens idealerweise bereits während seines Entstehungs- und Entwicklungsprozesses ermöglichen. Welche Chancen darauf bestehen, beurteilen die verschiedenen theoretischen Perspektiven der internationalen Beziehungen bis hin zu den *Global Governance*-Konzepten unterschiedlich. In erster Linie sind neue und reformierte Ansätze gefragt, die sich einen Weg durch das dichte Gestrüpp des Mehrebenen-Regierens mit seinen alten und neuen Akteuren und seinen unterschiedlichen Mustern bahnen, ohne dabei das Ziel aus den Augen zu verlieren: die gegenwärtigen Herausforderungen bestmöglich und einvernehmlich zu lösen. Dieses Ziel erfordert nicht nur eine Verringerung der Komplexität

---

97 Eine gute Übersicht über aktuelle Herausforderungen für die Global Governance-Forschung geben Messner, Dirk, Nuscheler, Franz. 2006. Das Konzept Global Governance. Stand und Perspektiven. INEF Report. Institut für Entwicklung und Frieden, Universität Duisburg-Essen. http://inef.uni-due.de/cms/files/report67.pdf. Zugegriffen: 3. Mai 2013. S. 24-33.

transnationalen Regierens, sondern auch die Einbeziehung sämtlicher Akteure mit ihren individuellen Voraussetzungen ebenso wie die Einrichtung wirksamer Monitoring- und Sanktionsmechanismen. Die schwierigste Aufgabe wird dabei wohl sein, den (neo-)realistischen Perspektiven auf eine mögliche *Global Governance* die Stirn zu bieten, indem ein internationales Übereinkommen nicht nur Interdependenz-Probleme wirksam zu lösen vermag, sondern dahingehend eine neue Interdependenz schafft, dass es sämtliche zur Problemlösung gefragten Akteure von seiner Alternativlosigkeit überzeugen kann – auch die sporadischen Unilateralisten. Dann werden internationale Übereinkommen an Bedeutung gewinnen und als Kernelemente einer möglichen *Global Governance*-Architektur transnationales Handeln maßgeblich beeinflussen können.

Neue Paradigmen der Entwicklungspolitik: Urbanisierung im Zeitalter des Klimawandels

Axel Berger, Dirk Messner, Carmen Richerzhagen

1 Einleitung

Im Jahr 2011 überschritt die Weltbevölkerung die Schwelle von sieben Milliarden Menschen. Bis zur Mitte des Jahrhunderts werden neun Milliarden Menschen die Erde bevölkern.[1] Schon heute lebt die Mehrheit dieser Menschen in Städten, ein Trend der weiter zunehmen wird. Insbesondere Entwicklungsländer werden zu urbanen Brennpunkten. Neben den Megatrends wirtschaftliche Globalisierung, Machtverschiebungen im internationalen Staatensystem und Klimawandel[2] wird Urbanisierung somit zu einem der wichtigsten Treiber sozio-ökonomischen Wandels in den kommenden Dekaden.

Insbesondere die Wechselwirkungen zwischen Urbanisierung und Klimawandel stellen nationale und internationale Entscheidungsträger vor große Herausforderungen: Wie kann Urbanisierung nachhaltig gestaltet werden? Welchen Beitrag können Städte leisten, um die 2-Grad-Leitplanke der internationalen Klimapolitik einzuhalten, bei deren Überschreiten mit irreversiblen Schäden im Erdsystem zu rechnen ist? Wie sind Städte von den Auswirkungen des Klimawandels betroffen und wie müssen städtische Infrastrukturen an extreme Wetterereignisse angepasst werden? Wie kann die internationale Gemeinschaft Akteure in Entwicklungsländern, insbesondere auf der lokalen Ebene, bei der Bewältigung dieser Herausforderungen unterstützen?

Diese Fragen stehen im Mittelpunkt dieses Artikels, der die Diskussion während des Symposiums „Paradigmenwechsel in der Entwicklungspolitik –

---

1 UN DESA. 2009. *World Population Prospects: The 2008 Revision*. New York: UN DESA. http://esa.un.org/unpp. Zugegriffen: 8. November 2011.
2 Messner, Dirk. 2011. Drei Wellen globalen Wandels: Global Governance - Dynamiken in der ersten Hälfte des 21. Jahrhunderts. In *Perspektiven nachhaltiger Entwicklung*, hrsg. H. Welzer, K. Wiegandt, 275-307. Frankfurt: Fischer.

Verzahnung mit der Klimapolitik" aufgreift und darlegt, wie die Urbanisierungsrevolution nachhaltig gestaltet werden kann.[3] Der Artikel stellt zunächst die grundlegenden Urbanisierungstrends dar, um dann den Einfluss des Klimawandels auf Städte, den Beitrag der Städte zum Klimawandel und die Chancen für Anpassung und Vermeidung in Städten zu diskutieren. Abschließend werden Defizite im globalen Mehrebenensystem, die einer nachhaltigen Gestaltung der Urbanisierung im Wege stehen, analysiert und Reformoptionen diskutiert.

2 Urbanisierungstrends

Die rapide Urbanisierung, wie wir sie seit Anfang des letzten Jahrhunderts erleben, ist menschheitsgeschichtlich ein neues Phänomen. Die ersten Städte entstanden vor etwa 6.000 Jahren. Über lange Zeiten lebten weniger als fünf Prozent der Weltbevölkerung in Städten. Anfang des letzten Jahrhunderts betrug der Anteil der Menschen, die in urbanen Räumen lebten 165 Millionen Menschen, also nur etwa 10-15 Prozent der Gesamtbevölkerung.[4] Im Laufe des 20. Jahrhunderts ist dieser Anteil rapide gestiegen. Seit dem Jahr 2009 leben zum ersten Mal mehr Menschen in urbanen Räumen (3,42 Mrd.) als in ländlichen Gebieten (3,41 Mrd.). Die Zahl der urbanen Bevölkerung wird weiter steigen und sich bis zum Jahr 2050 auf 6,3 Milliarden nahezu verdoppeln. Das globale Bevölkerungswachstum wird im Laufe der nächsten Dekaden vor allem in urbanen und nicht in ländlichen Räumen stattfinden, wie es zum Beispiel noch in den 1950er bis 1970er-Jahren der Fall war. Insgesamt werden zur Mitte des Jahrhunderts 69 Prozent der Weltbevölkerung in urbanen Räumen leben. Der

---

3 Wir danken den Experten und Expertinnen des Symposiums „Paradigmenwechsel in der Entwicklungspolitik – Verzahnung mit der Klimapolitik", das am 31. Januar 2011 im Odysseum in Köln stattfand, für ihre inhaltlichen Beiträge, die entscheidend zu diesem Artikel beigetragen haben. Zusätzlich zum Expertentreffen fanden Workshops mit Kölner Schülern statt, in denen die Ideen diskutiert und weitergedacht wurden.

4 WBGU (Wissenschaftlicher Beirat der Bundesregierung Globale Umweltveränderungen) 2011. *Hauptgutachten Welt im Wandel: Gesellschaftsvertrag für eine Große Transformation.* Berlin: German Advisory Council on Global Change. http://www.wbgu.de/fileadmin/templates/dateien/veroeffentlichungen/hauptgutachten/jg2011/wbgu_jg2011_ZfE.pdf. Zugegriffen: 19. April 2013. S. 58.

Anteil der ländlichen Bevölkerung wird noch bis zum Jahr 2020 wachsen und 3,5 Milliarden erreichen und danach stetig fallen. Im Jahr 2050 leben dann nur noch 2,9 Milliarden Menschen in ländlichen Räumen.[5]

Obwohl die Zunahme der urbanen Bevölkerungsschichten ein globaler Trend ist, werden die verschiedenen Weltregionen unterschiedlich betroffen sein. Grundsätzlich lässt sich ein positiver Zusammenhang zwischen Verstädterung und wirtschaftlicher Entwicklung feststellen. Die meisten Länder mit hohen Pro-Kopf-Einkommen gehören zu den am stärksten urbanisierten Gesellschaften. Heute leben 75 Prozent der Bevölkerung in Industrieländern in urbanen Räumen. Dieser Anteil wird bis zur Mitte des Jahrhunderts auf 86 Prozent steigen. Entwicklungsländer sind weniger urbanisiert. Hier leben heute lediglich 45 Prozent in urbanen Räumen. Allerdings wird auch in Entwicklungsländern der Anteil urbaner Bevölkerung steigen und im Jahr 2050 66 Prozent erreichen.[6]

Aus einer globalen Perspektive konzentriert sich der weltweite Urbanisierungsschub auf einige wenige Länder. Im Jahr 2009 lebten drei Viertel der urbanen Bevölkerung in nur 25 Ländern. Am stärksten wird der Zuwachs an urbanen Bevölkerungsschichten in Asien sein, wo bis zum Jahr 2050 die urbane Bevölkerung um 1,7 Milliarden zunehmen wird. Allein zwischen 2010 und 2030 wird sich die urbane Bevölkerung in Asien von 1,5 auf 3 Milliarden Menschen verdoppeln. In Afrika werden bis zum Jahr 2050 0,8 Milliarden mehr Menschen in Städten leben und in Lateinamerika einschließlich der Karibik 0,2 Milliarden.[7] China und Indien werden für etwa ein Drittel des urbanen Wachstums verantwortlich sein. In China wird die Zahl der Städte, die mehr als eine Million Einwohner haben von 58 im Jahr 2000 innerhalb von 25 Jahren auf 128 steigen. In China allein wird es demnach mehr Millionenstädte geben als in Europa und Nordamerika zusammen. In Indien wird die Zahl dieser Städte lediglich von 46 auf 59 steigen, was vor allem daran liegt, dass bestehende Millionenstädte weiter stark wachsen werden. Interessanterweise waren es gerade Regionen wie China, Indien und der mittlere Osten, die bereits bis zum 18. Jahrhundert

---

5 UN DESA. 2010. *World Urbanization Prospects: The 2009 Revision, Highlights*. New York: United Nations. http://esa.un.org/unpd/wup/Documents/WUP2009_Highligh ts_Final.pdf. Zugegriffen: 19. April 2013.
6 Ebd. S. 1-2.
7 Ebd.

die höchsten Urbanisierungsraten zu verzeichnen hatten.[8] Die beschleunigte Urbanisierung in Asien, wie wir sie heute erleben, ist demnach auch eine Rückkehr zur historischen Normalität, wenn auch Dynamik und Dichte der zukünftigen Urbanisierung einmalig sind.

In den 21 Megastädten mit mehr als 10 Millionen Einwohnern leben heute 9,6 Prozent der urbanen Weltbevölkerung. Das Wachstum von Megastädten ist ein weiterer Indikator für die Verschiebung des globalen Urbanisierungstrends. Tabelle 1 zeigt, dass es im Jahr 1975 lediglich drei Megastädte gab, von denen zwei (Tokio und New York) in Industrieländern lagen und nur eine (Mexiko-Stadt) in einem Entwicklungsland. Im Jahr 2009 hat sich dieses Muster stark verändert. Von den 21 Megastädten liegen fünf in Industrieländern. Am stärksten ist das Wachstum von Megastädten in Asien. Im Jahr 2009 lagen 11 Megastädte in Asien, vier in Lateinamerika und in Afrika, Nordamerika und Europa befinden sich jeweils zwei. Die Zahl der Megastädte wird bis zum Jahr 2025 auf 29 ansteigen, allerdings wird der Anteil der Einwohner von Megastädten an der urbanen Weltbevölkerung mit 10,3 Prozent nicht stark wachsen.[9] Über einer Einwohnerzahl von 20 Millionen spricht UN-HABITAT von Megaregionen, bei denen es sich oft um dicht vernetzte ökonomische Zentren, die mehrere große Städte umfassen. Beispiele hierfür sind die Megaregion im südlichen China, die Hongkong, Shenzen und Guangzhou einschließt und in der mehr als 120 Millionen Menschen leben, oder die Megaregion Tokyo-Nagoya-Kyoto-Kobe mit bald 60 Millionen Einwohnern und die Region zwischen Sao Paolo und Rio de Janeiro mit 43 Millionen Einwohnern.[10]

---

8   Chandler, Tertius. 1987. *Four Thousand Years of Urban Growth: An Historical Census*. New York. Lewiston: St. David's University Press. McNeill, John R. 2002. *Something New Under the Sun: An Environmental History of the Twentieth-Century World*. New York: Norton.
9   UN DESA. 2010. *World Urbanization Prospects: The 2009 Revision, Highlights*. New York: United Nations. http://esa.un.org/unpd/wup/Documents/WUP2009_Highlights_Final.pdf . Zugegriffen: 19. April 2013.
10 UN-HABITAT. 2010. *State of the World's Cities 2010/2011: Bridging the Urban Divide*. London: Earthscan. http://www.unhabitat.org/pmss/listItemDetails.aspx?publicationID=2917. Zugegriffen: 19. April 2013. S. 8.

Neue Paradigmen der Entwicklungspolitik

Tabelle 1: Globale Megastädte mit zehn Millionen Einwohnern oder mehr (in Millionen)

Rang	Industrieländer	Einwohner	Rang	Schwellen- und Entwicklungsländer	Einwohner
			1950		
1	New York-Newark, USA	12,3			
2	Tokio, Japan	11,3			
			1975		
1	Tokio, Japan	26,6	3	Mexiko-Stadt, Mexiko	10,7
2	New York-Newark, USA	15,9			
			2009		
1	Tokio, Japan	36,5	2	Delhi, Indien	21,7
6	New York-Newark, USA	19,3	3	Sau Paulo, Brasilien	20,0
12	Los Angeles-Long Beach-Santa Ana, Usa	12,7	4	Mumbai, Indien	19,7
16	Osaka-Kobe, Japan	11,3	5	Mexiko-Stadt, Mexiko	19,3
19	Paris, Frankreich	10,4	7	Schanghai, China	16,3
			8	Kolkata, Indien	15,3
			9	Dhaka, Bangladesch	14,3
			10	Buenos Aires, Argentinien	13,0
			11	Karatschi, Pakistan	12,8
			13	Peking, China	12,2
			14	Rio de Janeiro, Brasilien	11,8
			15	Manila, Philippinen	11,4
			17	Kairo, Ägypten	10,9
			18	Moskau, Russland	10,5
			20	Istanbul, Türkei	10,4
			21	Lagos, Nigeria	10,2

			2025			
1	Tokio, Japan	37,1	2	Delhi, Indien		28,6
7	New York-Newark, USA	20,6	3	Mumbai, Indien		25,8
16	Los Angeles-Long Beach-Santa Ana, USA	13,7	4	Sau Paulo, Brasilien		21,7
20	Osaka-Kobe, Japan	11,4	5	Dhaka, Bangladesch		20,9
24	Paris, Frankreich	10,9	6	Mexiko-Stadt, Mexiko		20,7
			7	Kolkata, Indien		20,1
			9	Schanghai, China		20,0
			10	Karatschi, Pakistan		18,7
			11	Lagos, Nigeria		15,8
			12	Kinshasa, Demokratische Republik Kongo		15,0
			13	Peking, China		15,0
			14	Manila, Philippinen		14,9
			15	Buenos Aires, Argentinien		13,7
			17	Kairo, Ägypten		13,5
			18	Rio de Janeiro, Brasilien		12,7
			19	Istanbul, Türkei		12,1
			21	Shenzhen, China		11,1
			22	Chongqing, China		11,1
			23	Guangzhou, Guangdong, China		11,0
			25	Jakarta, Indonesien		10,8
			26	Moskau, Russland		10,7
			27	Bogota, Bolivien		10,5
			28	Lima, Peru		10,5
			29	Lahore, Pakistan		10,3

Quelle: Eigene Darstellung auf Basis von UN DESA [11]

---

11 UN DESA. 2010. *World Urbanization Prospects: The 2009 Revision, Highlights*. New York: United Nations. http://esa.un.org/unpd/wup/Documents/WUP2009_Highlights_Final.pdf. Zugegriffen: 19. April 2013. S. 6.

Neue Paradigmen der Entwicklungspolitik

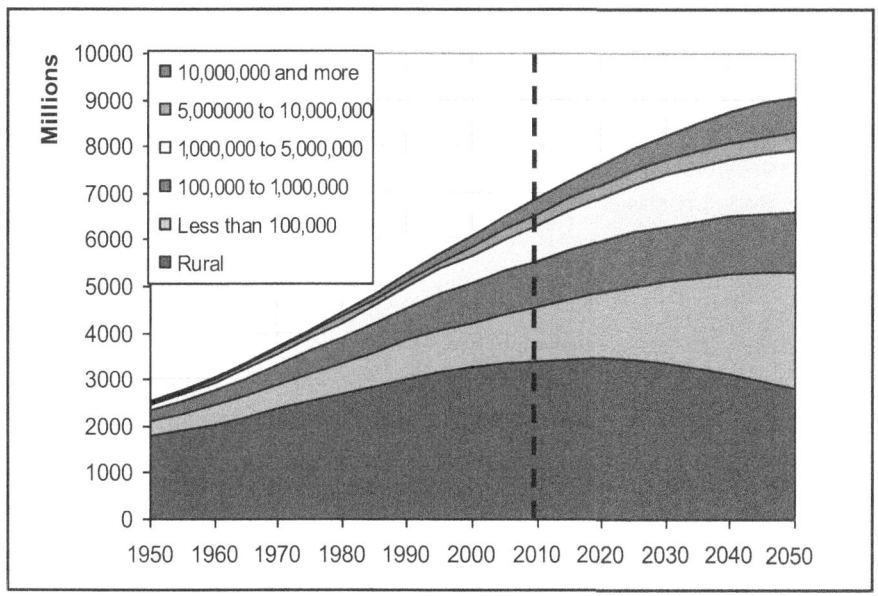

Abbildung 1: Population und Siedlungsdichte[12]

Ungeachtet des Wachstums von Millionenstädten findet Urbanisierung vor allem in kleineren Städten statt. Im Jahr 2009 leben mehr als die Hälfte (51,9 %) der urbanen Bevölkerung in Städten von weniger als einer halben Million Einwohner. Schätzungen zufolge machen Städte mit weniger als 100.000 Einwohnern hierbei einen Anteil von einem Drittel aus.[13] Abbildung 1 zeigt, dass Urbanisierung am schnellsten in relativ gesehen kleinen Städten zunimmt. Leider sind die genaue Zahl und die geographische Verteilung dieser kleineren Städte nicht in den offiziellen Statistiken erfasst. Die Statistiken der Vereinten Nationen, so zum Beispiel des United Nations Department of Economic and Social

---

12 Schulz, Niels. 2011. Urbanisierungsrevolution 2010–2030 gestalten. Präsentation im Rahmen des Symposiums „Paradigmenwechsel in der Entwicklungspolitik-Klimaverträgliche Entwicklung und neue Partnerschaften". Köln. 31.01.2011.

13 UN DESA. 2010. *World Urbanization Prospects: The 2009 Revision, Highlights.* New York: United Nations. http://esa.un.org/unpd/wup/Documents/WUP2009_Highlights_Final.pdf. Zugegriffen: 19. April 2013

Affairs, erfasst urbane Räume erst ab einer Größe von 750.000 Einwohnern.[14] Hier besteht ein erheblicher Daten- und Forschungsbedarf, vor allem auch weil angenommen wird, dass diese kleinen und mittleren Städte eine große Rolle für einen kosteneffizienten Klimaschutz spielen können.[15] Angesichts der komplexen Infrastrukturprobleme und Regulierungsherausforderungen in Megastädten könnte dieser Urbanisierungstrend in kleineren Städten Klimaschutzmaßnahmen erleichtern, vorausgesetzt diese Städte verfügen über die nötigen Kapazitäten.

Tabelle 2: Wirtschaftliche Bedeutung von urbanen Räumen[16]

Indicator		Source		Range	Ref. Range
Area	(1000 km2)	2929	1	313-3524	Schneider et al., 2009
	% of total	2.2		0.2-2.7	GlobCover-GRUMP
Population	(million)	2855	2	2650-3150	Uchida&Nelson, 2008
	% of total	47		44-52	size threshold: 100,000-50,000
GDP (MER 1990$)	(billion)	21991	1	??	
	% of total	81			
Final energy use	(EJ)	239	1	176-246	GEA KM18, forthcoming
	% of total	76		56-78	
Light luminosity	(million NLIS)	33	3,1	50-82	IIASA, unpubl.
	% of total	57			
Internet routers	(number in 1000)	592	4,1	73-97	IIASA, unpubl.
	% of total	96			

1 IIASA
2 UN 2010
3 NOAA 2008
4 M. Crovella 2007

---

14 Ebd. S. 1.
15 WBGU (Wissenschaftlicher Beirat der Bundesregierung Globale Umweltveränderungen). 2011. *Hauptgutachten Welt im Wandel: Gesellschaftsvertrag für eine Große Transformation*. Berlin: German Advisory Council on Global Change. http://www.wbgu.de/fileadmin/templates/dateien/veroeffentlichungen/hauptgutachten/jg2011/wbgu_jg2011_ZfE.pdf. Zugegriffen: 19. April 2013. S. 59.
16 Schulz, Niels. 2011. Urbanisierungsrevolution 2010–2030 gestalten. Präsentation im Rahmen des Symposiums „Paradigmenwechsel in der Entwicklungspolitik-Klimaverträgliche Entwicklung und neue Partnerschaften". Köln. 31.01.2011.

Wirtschaftliche Entwicklung ist einer der wichtigsten Treiber der fortschreitenden Urbanisierung. In Folge der Ablösung der Landwirtschaft als dominierendem volkswirtschaftlichen Sektor durch das verarbeitende Gewerbe und dem Dienstleistungssektor, kommt es zur Konzentration von Investitionen und Arbeitsplätzen in urbanen Räumen. In der Folge dieses Übergangs entstehen Migrationsbewegungen aus dem ländlichen in den urbanen Raum. Tabelle 2 zeigt deutlich, dass in Städten, in denen heute rund die Hälfte der Weltbevölkerung lebt, mehr als 80 Prozent der weltweiten Wirtschaftsleistung erbracht wird und 96 Prozent der Internet-Router stehen. Zudem sind Städte für 76 Prozent des Primärenergieverbrauchs verantwortlich und spielen daher eine entscheidende Rolle für die Bekämpfung des Klimawandels.

3 Klimawandel und Urbanisierung

Die im vorangegangenen Teil dargestellten Urbanisierungstrends werden heute gemeinhin als entwicklungspolitische Herausforderung angesehen, da gerade weniger entwickelte Länder hohe Urbanisierungsraten verzeichnen und Urbanisierung zudem oft mit dem Wachstum von Stadtvierteln einhergeht, deren Einwohner nur mangelhaft mit Strom und sauberem Trinkwasser versorgt werden können. Angesichts der Zunahme der Urbanisierung werden diese Probleme weiter zunehmen und sollten zukünftig weiter oben auf der Agenda der internationalen Gemeinschaft stehen als dies heute der Fall ist. Ohne die Berücksichtigung des Klimawandels – und der Wechselwirkungen zwischen Urbanisierung und steigenden Temperaturen – wird es jedoch nicht möglich sein, diese entwicklungspolitischen Herausforderungen effektiv zu bearbeiten. Mit Fokus auf die Entwicklungsländer wird im folgenden Kapitel daher einerseits analysiert welche Auswirkungen der Klimawandel auf Städte haben werden und wie diese andererseits zu einer Verschärfung des Klimawandels beitragen. Abschließend werden die spezifischen Chancen und Risiken aufgezeigt, die sich durch den globalen Urbanisierungstrend für die Bewältigung des Klimawandels ergeben.

In Wissenschaft und Politik gibt es einen breiten Konsens, dass der heutige Klimawandel durch den Menschen verursacht wird. Einige Beobachter stellen sogar den Übergang zu einem Zeitalter des Anthropozän fest, in dem die natürliche Umwelt nicht länger die Grenzen menschlicher Handlungen definiert, sondern dass umgekehrt der Mensch massiv in natürliche Prozesse eingreift und diese in erdsystemischen Dimensionen langfristig verändert.[17] Gleichzeitig werden die Menschheit und ihre natürliche Umgebung maßgeblich von den Auswirkungen des Klimawandels betroffen sein. Städte spielen hierbei eine herausgehobene Rolle. Zum einen sind Städte und ihre Bevölkerung durch ihre exponierte Lage und räumlicher Dichte besonders von den Auswirkungen des Klimawandels bedroht. Zum anderen tragen Städte durch hohe Emissionen und hohe Energieintensität erheblich zum Klimawandel bei. Städte spielen demnach sowohl für die Anpassung an den unvermeidbaren Klimawandel als auch bei der Vermeidung eines gefährlichen Klimawandels eine entscheidende Rolle.

Der Klimawandel wird vornehmlich durch Treibhausgasemissionen verursacht, die bei der Verbrennung von fossilen Energieträgern (z. B. Kohle, Öl) entstehen. Die globale CO_2-Konzentration ist vom vorindustriellen Wert von 280 ppm auf 379 ppm in 2005 angestiegen und hat damit bei weitem die natürliche Schwankungsrate der letzten 650.000 Jahre (180 bis 300 ppm) überschritten.[18] Im Energiesektor entstehen mehr als ein Viertel aller Emissionen (26 %), gefolgt von Industrie (19 %), Wald (17 %) Landwirtschaft (14 %) und Transport (13 %).[19] Eine Gruppe von zehn Länder sind für zwei Drittel aller Emissionen verantwortlich; an der Spitze davon China und die USA mit jeweils 41 Prozent.[20]

---

17 Crutzen, Paul J., Stoermer, Eugene F. 2000. The „Anthropocene". IGBP Newsletter 41. S. 17-18. Crutzen, Paul. J. 2002. Geology of mankind. *Nature* 415 (23).
18 IPCC (Intergovernmental Panel on Climate Change). 2007. Summary for Policymakers. In *Climate Change 2007: The Physical Science Basis. Contribution of Working Group I to the Fourth Assessment Report of the Intergovernmental Panel on Climate Change*, hrsg. S. Solomon, D. Qin, M. Manning, Z. Chen et al. Cambridge, United Kingdom and New York, NY, USA: Cambridge University Press. http://www.ipcc.ch/publications_and_data/ar4/wg1/en/spm.html. Zugegriffen: 19. April 2013. S. 2.
19 IPCC (Intergovernmental Panel on Climate Change). 2007. Climate Change 2007: Synthesis Report. Contribution of Working Groups I, II and III to the Fourth Assessment Report of the Intergovernmental Panel on Climate Change. In *Geneva, Switzerland: Intergovernmental Panel on Climate Change*, hrsg. R.-K. Pachauri, A. Reisinger. http://www.ipcc.ch/publications_and_data/publications_ipcc_fourth_assessment_report_synthesis_report.htm. Zugegriffen: 8. November 2011. S. 36.
20 IEA (International Energy Agency). 2010. *CO2 Emissions from Fuel Combustion IEA Statistics 2010 Edition*. Paris Cedex: OECD/ IEA. http://www.iea.org/newsroom

Klimawandel impliziert sowohl graduelle (wie Meeresspiegel- und Temperaturanstieg) als auch plötzliche Veränderungen (wie Überflutungen, Dürren, Hitzewellen, Stürme). Dies wird durch zahlreiche wissenschaftliche Publikationen und Berichte belegt.[21] Ein ungebremster Klimawandel mit all seinen Auswirkungen wird daher die Anpassungsfähigkeit vieler Gesellschaften überfordern und diese in bedrohliche Situationen bringen.[22] Während der Klimakonferenz im mexikanischen Cancún im Dezember 2010 hat sich die internationale Gemeinschaft auf Basis dieser wissenschaftlichen Erkenntnisse auf das 2-Grad-Ziel verständigt. Dennoch ist man bislang weit davon entfernt, es zu erreichen. Um die 2-Grad-Leitplanke nicht zu überschreiten, ist bis zum Jahre 2050 eine drastische Reduktion von CO2-Emissionen notwendig. Eine Trendumkehr muss in den kommenden zehn Jahren erfolgen, sonst wären die später zu leistenden Emissionsreduktionen kaum zu bewältigen.[23] Trotz jahrelanger Verhandlungen konnten sich die Staaten bislang nicht auf geeignete und durchgreifende Maßnahmen im Rahmen eines international verbindlichen Klimaabkommens einigen, wie dieses Ziel erreicht werden könnte.

---

andevents/news/2010/october/name,19737,en.html. Zugegriffen: 19. April 2013. S. 8-9.

21 IPCC (Intergovernmental Panel on Climate Change). 2007. Climate Change 2007: Synthesis Report. Contribution of Working Groups I, II and III to the Fourth Assessment Report of the Intergovernmental Panel on Climate Change. In *Geneva, Switzerland: Intergovernmental Panel on Climate Change*, hrsg. R.-K. Pachauri, A. Reisinger. http://www.ipcc.ch/publications_and_data/publications_ipcc_fourth_assessment_re port_synthesis_report.htm. Zugegriffen: 8. November 2011. The World Bank. 2010. World Development Report: Development and Climate Change. Washington, DC. http://siteresources.worldbank.org/INTWDR2010/Resources/5287678-1226014527953/WDR10-Full-Text.pdf. Zugegriffen: 19. April 2013.

22 WBGU (Wissenschaftlicher Beirat der Bundesregierung Globale Umweltveränderungen). 2007. Welt im Wandel: Sicherheitsrisiko Klimawandel. Hauptgutachten 2007. Berlin, Heidelberg: Springer. http://www.wbgu.de/fileadmin/templates/dateien/veroeffentlichungen/hauptgutachten/jg2007/wbgu_jg2007_kurz.pdf. Zugegriffen: 19. April 2013.

23 WBGU (Wissenschaftlicher Beirat der Bundesregierung Globale Umweltveränderungen). 2009. Kassensturz für den Weltklimavertrag: Der Budgetansatz. Sondergutachten 2009. Berlin: German Advisory Council on Global Change. http://www.bmbf.de/pubRD/wbgu_sn2009.pdf . Zugegriffen: 19. April 2013. S.3.

Im Zeitalter des Anthropozän sind neben dem Klima auch andere natürliche Systeme durch den Menschen bedroht. Mit den *Planetary Boundaries* beschreibt ein Team um Johan Rockström die Grenzen bzw. Schwellenwerte neun verschiedener natürlicher Prozesse und Systeme, innerhalb derer schwerwiegende ökologische Schäden begrenzt werden müssen, um irreversible Schädigungen des Erdsystems zu vermeiden. Die Wissenschaftler beschreiben sogenannte *„tipping points"* im Erdsystem zum Beispiel für Klimawandel, Biodiversität, Landnutzung, Süßwasser und weiteres. Sie kommen zu dem Ergebnis, dass in drei Teilbereichen des globalen Ökosystems (Klima, Biodiversität und Stickstoffkreislauf) die Grenzen bereits überschritten sind und diese Instabilitäten aufgrund der Wechselbeziehung zwischen den Einzelelementen mit zunehmender Wahrscheinlichkeit verhindern wird, die Grenzen in anderen Teilsystemen einzuhalten.[24]

3.1 Einfluss des Klimawandels auf Städte

Städte sind in besonderem Maße vulnerabel gegenüber sich verändernden klimatischen Verhältnissen, wobei Küsten- und Hafenstädte besonders betroffen sind. Viele Städte befinden sich traditionell in der Nähe von Flüssen bzw. am Meer, um geographische Vorteile (z. B. Anbindung an internationale Handelsrouten) nutzen zu können. Die Ansiedlung in diesen Räumen impliziert angesichts der Auswirkungen des Klimawandels Risiken, die durch den Meeresspiegelanstieg oder die Zunahme und Intensivierung von Stürmen entstehen.[25] Schätzungen zufolge leben 600 Millionen Menschen in flachen Küstenregionen, die weniger als zehn Meter über dem Meeresspiegel liegen. 15 der 21 Megastädte befinden sich in diesen Regionen.[26] Die zum Teil immobile und komplexe

---

24 Ebd.
25 The World Bank. 2010. Cities and Climate Change: An urgent Agenda. Urban Development Series Konwledge Papers, Washington DC: The World Bank, Urban Development and Local Government. http://siteresources.worldbank.org/INTUWM/Reso urces/340232-1205330656272/CitiesandClimateChange.pdf. Zugegriffen: 19. April 2013. S. 8.
26 The World Bank. 2010. World Development Report: Development and Climate Change. Washington, DC. http://siteresources.worldbank.org/INWDR2010/Resourc

städtische Infrastruktur (z. B. Gebäude, Straßen, Nahverkehrssysteme, Kommunikation) erschwert die Anpassung an wechselnde Umweltbedingungen.[27] Das Funktionieren der Städte ist jedoch von dem Zusammenspiel der verschiedenen Infrastruktursysteme (z. B. Abwasser, Entsorgung, Transport) abhängig und Unterbrechungen dieser Systeme können zu massiven wirtschaftlichen Schäden führen.[28]

Hinzu kommen wichtige Beziehungen und Abhängigkeiten zwischen ländlichen Gebieten und Städten sowie den natürlichen Ressourcen. So zum Beispiel hängen Städte sehr stark von Nahrungsmittelimporten ab, um ihre Einwohner ausreichend versorgen zu können. Das macht sie sehr verletzlich für Unterbrechungen der Bereitstellung von Lebensmitteln durch Klimaeinflüsse in ländlichen Räumen.[29]

Entwicklungsländer sind vom Klimawandel stärker betroffen als entwickelte Länder, da sie angesichts ihrer Wirtschaftsstruktur, die gemeinhin stärker von der Landwirtschaft abhängig ist, besonders auf die Leistungen von Ökosystemen und natürlichen Ressourcen angewiesen sind. Zudem verfügen Entwicklungsländer meist nur über sehr begrenzte finanzielle und institutionelle Kapazitäten zur Anpassung an den unvermeidbaren Klimawandel. Es wird geschätzt, dass Entwicklungsländer etwa 75 bis 80 Prozent der Kosten der Klimaschäden tragen werden, obgleich sie bisher nur unterproportional zum Klimawandel

---

es/5287678-1226014527953/WDR10-Full-Text.pdf. Zugegriffen: 19. April 2013. S. 91.

27 The World Bank. 2010. Cities and Climate Change: An urgent Agenda. Urban Development Series Konwledge Papers, Washington DC: The World Bank, Urban Development and Local Government. http://siteresources.worldbank.org/INTUWM/Resources/340232-1205330656272/CitiesandClimateChange.pdf. Zugegriffen: 19. April 2013. S. 8.

28 OECD (Organisation for Economic Co-operation and Development). 2010. Cities and Climate Change. http://www.oecd-ilibrary.org/cities-and-climate-change_5km9d62 6f18v.pdf?contentType=/ns/Book&itemId=/content/book/9789264091375-en&con ntainerItemId=/content/book/9789264091375-en&accessItemIds=&mimeType=ap plication/pdf. Zugegriffen: 8. November 2011. S. 65.

29 The World Bank. 2010. Cities and Climate Change: An urgent Agenda. Urban Development Series Konwledge Papers, Washington DC: The World Bank, Urban Development and Local Government. http://siteresources.worldbankorg/INTUWM/Resourcess/340232-1205330656272/CitiesandClimateChange.pdf. Zugegriffen: 19. April 2013. S. 8.

beitragen.[30] Dem IPCC-Bericht zufolge wird Afrika einer der vulnerabelsten Kontinente aufgrund vielfältiger Stressfaktoren und geringer Anpassungskapazität sein.[31]

Städte in Entwicklungsländern weisen oft eine hohe Besiedlungsdichte auf und sind dadurch sehr anfällig. Die Auswirkungen des Klimawandels treffen auf eine hohe Konzentration von Haushalten und wirtschaftlichen Aktivitäten, so dass der Klimawandel viele Menschen und sensible Sektoren beeinträchtigt. Gleichzeitig jedoch bietet die hohe Dichte auch Chancen. So können zum Beispiel durch angemessene Infrastrukturreformen die Auswirkungen des Klimawandels in Städten leichter abgefangen werden als in ländlichen Räumen.[32]

In urbanen Räumen sind insbesondere arme Bevölkerungsschichten vulnerabel. In Städten ist die Einkommensdisparität größer und die Konzentrationen von armen Menschen hoch. Gerade arme Menschen sind oft durch die informelle Besiedlung von Räumen einem besonderen Risiko gegenüber Klimaveränderungen ausgesetzt. Sie leben auf marginalem Land mit geringen landwirtschaftlichen Erträgen, in illegalen Siedlungen oder in Überflutungsbieten.[33] Zudem verfügen sie nicht über die nötigen Ressourcen, um schnell auf die Auswirkungen von Wetterextremen zu reagieren und sich effektiv an die Klimaver-

---

30 The World Bank. 2010. World Development Report: Development and Climate Change. Washington, DC. http://siteresources.worldbank.org/INTWDR2010/Resources/5287678-1226014527953/WDR10-Full-Text.pdf. Zugegriffen: 19. April 2013. S. 6.
31 IPCC (Intergovernmental Panel on Climate Change). 2007. Summary for Policymakers. In *Climate Change 2007: Impacts, Adaptation and Vulnerability. Contribution of Working Group II to the Fourth Assessment Report of the Intergovernmental Panel on Climate Change*, hrsg. M.-L. Parry, O. Canziani, J. Palutikof, P. van der Linden, C. Hanson. Cambridge, UK: Cambridge University Press. http://www.ipcc-wg2.gov/AR4/website/spm.pdf. Zugegriffen: 19. April 2013. S. 13.
32 Dodman, David. 2009. Urban Density and Climate Change (Revised Draft). United Nations Population Fund (UNFPA). http://www.unfpa.org/webdav/site/global/users/schensul/public/CCPD/papers/Dodman%20Paper.pdf. Zugegriffen: 19. April 2013. S. 9.
33 OECD (Organisation for Economic Co-operation and Development). 2010. Cities and Climate Change. http://www.oecd-ilibrary.org/cities-and-climate-change_5km9d626f18v.pdf?contentType=/ns/Book&itemId=/content/book/9789264091375-en&containerItemId=/content/book/9789264091375-en&accessItemIds=&mimeType=application/pdf. Zugegriffen: 8. November 2011. S. 66.

änderungen anzupassen.³⁴ Dies gilt nicht nur für Entwicklungsländer. Auch Industrie- und Schwellenländer werden in Zukunft mit den verheerenden Auswirkungen des Klimawandels zu kämpfen haben. Ein Vorbote dieser Entwicklungen war die Flutkatastrophe in New Orleans im Jahr 2005 in Folge des Hurrikan Katrina, die besonders die armen Bevölkerungsschichten überproportional traf.

Der Klimawandel wirkt sich besonders stark auf Städte aus, die in Küstennähe oder in großen Flussdeltas gelegen sind. Laut dem IPCC-Bericht hat sich die globale Temperatur in den letzten 100 Jahren (1906-2005) um 0,76 Grad erhöht und der Meeresspiegel ist um 17 Zentimeter gestiegen. Die letzten zwölf Jahre waren die wärmsten Jahre in dieser Zeit. Der Meeresspiegel ist im Durchschnitt jährlich (1961 bis 2003) um 1,8 Millimeter gestiegen; im Zeitraum 1993 bis 2003 jedoch deutlich stärker mit 3,1 Millimeter pro Jahr.³⁵ Während der IPCC schätzt, dass der Meeresspiegel gemäß eines moderat pessimistischen Szenarios (Szenario A1B), das von einem Temperaturanstiegs von circa drei Grad ausgeht, bis zum Jahr 2090 um 35 Zentimeter steigen wird, deutet die neuere Forschung auf eine Verschärfung der Situation hin. Stefan Rahmstorf und Martin Vermeer gehen davon aus, dass es aufgrund massiver Veränderungen der grönländischen und antarktischen Inlandeises, die in den Berechnungen des IPCC nicht berücksichtigt sind, zu einem Anstieg des Meeresspiegels bis zum Jahr 2095 um 114 cm kommen wird.³⁶ Damit kommen massive Klimaveränderungen auf Städte und deren Bewohner zu.

Zusätzlich zu diesen langfristigen und graduellen Veränderungen durch den Klimawandel verändert sich die Klimavariabilität und extreme Wetterereignisse nehmen zu. Die direkten Auswirkungen, in Form von Überflutungen, Stürmen und Niederschlägen, Dürren und Hitzewellen, variieren sowohl zeitlich als auch

---

34 Ebd. S. 67.
35 IPCC (Intergovernmental Panel on Climate Change). 2007. Summary for Policymakers. In *Climate Change 2007: The Physical Science Basis. Contribution of Working Group I to the Fourth Assessment Report of the Intergovernmental Panel on Climate Change*, hrsg. S.Solomon, D. Qin, M. Manning, Z. Chen, et al. Cambridge, United Kingdom and New York, NY, USA. Cambridge University Press, S. 5.
36 Rahmstorf, Stefan. 2010. A new view on sea level rise. *Nature Reports Climate Change* 4: S. 44-45. Rahmstorf, Stefan, Vermeer, Martin. 2009. Global sea level linked to global temperature. *Proceedings of the National Academy of Science of the USA* 106 (51): 21527-21532.

geographisch. Indirekt werden dadurch die Nahrungsmittelproduktion, die Süßwasserverfügbarkeit, die Artenvielfalt und die Ozeanversauerung beeinflusst.[37]

Auch die Klimawissenschaft steht bei der Vorhersage dieser extremen Wetterereignissen vor großen Herausforderungen. Graduelle Änderungen des Klimas, wie zum Beispiel der globale Temperaturanstieg und deren Implikationen, können mit relativ hoher Wahrscheinlichkeit vorausgesagt werden. Andere jedoch, wie die Intensität und Häufigkeit von Wetterextremen, lassen sich kaum langfristig prognostizieren. Zudem sind die Auswirkungen von der lokalen Situation (z. B. geografische Lage, Bevölkerungsgröße und -zusammensetzung, Verteilung) und der lokalen Anpassungskapazität abhängig.[38] Hinzu kommt, dass sich bestimmte Klimaveränderungen in Städten im Vergleich zu ländlichen Gebieten stärker auswirken. Hitzeperioden werden in Städten durch Bebauung, Versiegelung und Abwärme verschärft. Die Durchschnittstemperatur in Städten ist bereits zwischen 3,5 und 4,5 Grad höher als in ländlichen Gebieten.[39] All diese Herausforderungen der Bewältigung von extremen Wetterereignissen, die in Folge des Klimawandels zunehmen werden, erschweren die politische Gestaltung von Anpassungsmaßnahmen. Im den folgenden Abschnitten werden einige dieser Herausforderungen näher beschrieben.

3.1.1 Überflutungen

Das Ausmaß von Überflutungen sowie die Schwere ihrer Folgen haben in den letzten zehn Jahren deutlich zugenommen. So zum Beispiel wurde im Jahr 2000 Mozambique und dessen Hauptstadt Maputo von den schwersten Überflutun-

---

37 The World Bank. 2010. World Development Report: Development and Climate Change. Washington, DC. http://siteresources.worldbank.org/INTWDR2010/Resources/5287678-1226014527953/WDR10-Full-Text.pdf. Zugegriffen: 19. April 2013. S. 70.
38 OECD (Organisation for Economic Co-operation and Development). 2010. Cities and Climate Change. http://www.oecd-ilibrary.org/cities-and-climate-change_5km9d626f18v.pdf?contentType=/ns/Book&itemId=/content/book/9789264091375-en&containerItemId=/content/book/9789264091375-en&accessItemIds=&mimeType=application/pdf. Zugegriffen: 8. November 2011. S. 64.
39 Ebd. S. 64.

gen der letzten 50 Jahre heimgesucht.[40] Neben Todesopfern in der Bevölkerung treffen Überflutungen massiv die Infrastruktursysteme in Städten (z. B. Gebäude, Transport, Energiezufuhr, Wasserversorgung und -aufbereitung).[41]

Es wird geschätzt, dass in Zukunft Millionen von Menschen zusätzlich von Überflutungen betroffen sein werden. Insbesondere vulnerabel sind tiefliegende Gebiete, die bereits anderen Extremen (z. B. tropische Stürme) ausgesetzt sind. Am stärksten werden die Mega-Deltas in Asien und Afrika, sowie kleine Inseln betroffen sein.[42] Das Risiko, dass Städte von Überflutungen betroffen sein werden, steigt durch den Klimawandel in dreierlei Hinsicht: durch den Anstieg des Meeresspiegels, durch Hochwasser infolge abschmelzender Gletscher sowie durch stärkere Regenfälle.[43]

Für viele Städte stellt sich der Meeresspiegelanstieg als das schwerwiegendste Problem dar, da vor allem die großen Städte in Küstengebieten liegen. So zum Beispiel lebt ein Viertel der afrikanischen Bevölkerung im Umkreis von 100 Kilometer von der Küste und 12 Prozent der städtischen Bevölkerung lebt

---

40 Douglas, Ian, Alam, Kurshid, Maghenda, Maryanne, Mcdonell, Yasmin et al. 2008. Unjust waters: climate change, flooding and the urban poor in Africa. *Environment and Urbanization* 20 (1): 187-205. http://eau.sagepub.com/content/20/1/187.full.pdf+html. Zugegriffen: 8. November 2011. S. 190.

41 OECD (Organisation for Economic Co-operation and Development). 2010. Cities and Climate Change. http://www.oecd-ilibrary.org/cities-and-climate-change_5km9d62 6f18v.pdf?contentType=/ns/Book&itemId=/content/book/9789264091375-en&con taineritemId=/content/book/9789264091375-en&accessItemIds=&mimeType=appl ication/pdf. Zugegriffen: 8. November 2011. S. 70.

42 IPCC (Intergovernmental Panel on Climate Change). 2007. Summary for Policymakers. In *Climate Change 2007: Impacts, Adaptation and Vulnerability. Contribution of Working Group II to the Fourth Assessment Report of the Intergovernmental Panel on Climate Change*, hrsg. M.-L. Parry, O. Canziani, J. Palutikof, P. van der Linden, C. Hanson. Cambridge, UK: Cambridge University Press. http://www.ipcc-wg2.gov/AR 4/website/spm.pdf. Zugegriffen: 19. April 2013. S. 12.

43 Satterthwaite, David. 2008. Climate Change and Urbanization: Effects and Implications for Urban Governance. United Nations Expert Group Meeting on Population Distribution, Urbanization, Internal Migration and Development 21-23 January 2008, New York. http://www.un.org/esa/population/meetings/EGM_PopDist/P16_ Satterthwaite.pdf. Zugegriffen: 19. April 2013. S. 5.

in den flachen Küstenzonen.[44] Die Auswirkungen stärkerer Regenfälle werden durch städtische Infrastrukturen verstärkt. Gebäude, Straßen und andere versiegelte Flächen verhindern das Versickern des Wassers. Starke Regenfälle überfordern dann die städtischen Abflusssysteme, sofern sie überhaupt vorhanden sind. In vielen Entwicklungsländern verfügen Städte nur unzureichend über derartige Abflusssysteme. Natürliche Kanäle sind oft durch Verbauung oder Vermüllung beeinträchtigt.[45] Douglas et al.[46] unterscheiden vier Typen der urbanen Überflutung: Lokale Überflutung durch unangemessene Abflusssysteme; Überflutung durch kleine Wasserläufe nach starkem Regenfall; Überflutung durch große Flüsse durch Landnutzungsänderungen; und Küstenüberflutung durch das Meer. Demnach sind Überflutungen nicht immer nur allein durch den Klimawandel zu erklären, sondern aus der Kombination von menschlichem Eingreifen und den Klimaveränderungen.

3.1.2 Stürme und Niederschläge

Stärkere Niederschläge konnten in den letzten hundert Jahren in östlichen Teilen von Nord- und Südamerika, Nordeuropa und Nord- bzw. Zentralasien beobachtet werden. Wohingegen die Sahelzone, der Mittelmeerraum, Südafrika und Teile des südlichen Asiens von Trockenheit heimgesucht wurden.[47] Eine

---

44 Douglas, Ian,Alam, Kurshid, Maghenda, Maryanne, Mcdonell, Yasmin et al. 2008. Unjust waters: climate change, flooding and the urban poor in Africa. *Environment and Urbanization* 20 (1): 187-205. http://eau.sagepub.com/content/20/1/187.full. pdf+html. Zugegriffen: 8. November 2011. S. 192.
45 Satterthwaite, David. 2008. Climate Change and Urbanization: Effects and Implications for Urban Governance. United Nations Expert Group Meeting on Population Distribution, Urbanization, Internal Migration and Development 21-23 January 2008, New York. http://www.un.org/esa/population/meetings/EGM_PopDist/P16_Satterthwaite.pdf. Zugegriffen: 19. April 2013. S. 4-5.
46 Douglas, Ian, Alam, Kurshid, Maghenda, Maryanne, Mcdonell, Yasmin et al. 2008. Unjust waters: climate change, flooding and the urban poor in Africa. *Environment and Urbanization* 20 (1): 187-205. http://eau.sagepub.com/content/20/1/187.pdf+html. Zugegriffen: 8. November 2011.
47 IPCC (Intergovernmental Panel on Climate Change). 2007. Summary for Policymakers. In *Climate Change 2007: The Physical Science Basis. Contribution of Working Group I to the Fourth Assessment Report of the Intergovernmental Panel on Climate*

Veränderung der Niederschlagsmuster und das Schmelzen der Gletscher wird vor allem in Lateinamerika (vgl. Kasten 1) die Wasserverfügbarkeit für den Konsum, Landwirtschaft und Energieerzeugung signifikant beeinflussen.[48] Es wird geschätzt, dass in Regionen und Ländern Afrikas, insbesondere in semi-ariden und ariden Gebieten, die landwirtschaftliche Fläche durch den Klimawandel und damit auch die Ernährungssicherheit stark beeinträchtigt werden.

Kasten 1 Gletscherschwund und Wasserkrise im Großraum Lima

> Die Wasserversorgung Perus wie auch seiner Hauptstadt Lima ist in besonderer Weise von Gletschern abhängig. Mehr als die Hälfte der Einwohner Perus lebt in der trockenen Küstenregion westlich der Andenkette, in der sich auch die Hauptstadt Lima befindet. In dieser Region fallen im Jahresmittel nur etwa 10 mm Regen (Chambers, 2005; Mitchell et al., 2002). Ca. 80% der Wasserressourcen in der Küstenregion stammen aus Gletscherschmelzwasser (Coudrain et al., 2005). In den kommenden Jahrzehnten wird die Wasserversorgung Limas von zwei Seiten unter Druck geraten: Zum einen durch eine steigende Wassernachfrage aufgrund des Bevölkerungswachstums, zum anderen durch eine erhöhte Variabilität in der Wasserverfügbarkeit als Folge der Gletscherschmelze. Mit mehr als 7 Mio. Einwohnern ist Lima die zweitgrößte Wüstenstadt, die bis 2030 auf etwa 12 Mio. Menschen anwachsen könnte (UN, 2004). Für seine Wasserversorgung ist Lima zu mehr als zwei Dritteln auf der Rio Rimac angewiesen, der sich aus Gletscherschmelzwasser speist. Diese Gletscher haben aufgrund klimabedingter steigender Temperaturen (Coudrain et al., 2005) zwischen 1970 und 1997 etwa ein Drittel ihres Volumens verloren (Peru Cambio Climatico, 2001). Sie werden innerhalb der

---

Change, hrsg. S. Solomon, D. Qin, M. Manning, Z. Chen, et al. Cambridge, United Kingdom and New York, NY, USA: Cambridge University Press. http://www.ipcc.ch/publications_and_data/ar4/wg1/en/spm.html. Zugegriffen: 19. April 2013. S. 7.

48 IPCC (Intergovernmental Panel on Climate Change). 2007. Summary for Policymakers. In *Climate Change 2007: Impacts, Adaptation and Vulnerability. Contribution of Working Group II to the Fourth Assessment Report of the Intergovernmental Panel on Climate Change*, hrsg. M.-L. Parry, O. Canziani, J. Palutikof, P. van der Linden, C. Hanson. Cambridge, UK: Cambridge University Press. http://www.ipcc-wg2.gov/AR4/website/spm.pdf. Zugegriffen: 19. April 2013. S. 14.

nächsten Jahrzehnte verschwunden sein, wenn sich der globale Erwärmungstrend fortsetzt. Gegenwärtig führt der Rio Rimac in der Hochwasserperiode 35 m3/s und in der Niedrigwasserperiode nur 13 m3/s. Der staatliche lokale Wasserversorger SEDAPAL rechnet mit einer Nachfragesteigerung von 21,9 m3/s (in 2000) auf 25,5–30,1 m3/s (in 2030; Yepes und Ringskog, 2002). Schon heute wird in der Trockenzeit zusätzlich Grundwasser (6 m3/s) genutzt und Wasser über Tunnel von jenseits der Wasserscheide der Anden herantransportiert (>10 m3/s). Bei Wasserknappheit sehen die Gesetze vor, dass Haushalte Vorrang vor der Bewässerungslandwirtschaft haben (Molle und Berckhoff, 2006). Gegenwärtig sind etwa 85 % der Bevölkerung Limas an das Wassernetz angeschlossen, in den informellen Siedlungen der ärmeren Bevölkerung sind es 60 % (Golda-Pongratz, 2004). Etwa 1 Mio. Menschen sind auf eine Wasserversorgung durch Tankwagen oder öffentliche Brunnen angewiesen (Yepes und Ringskog, 2002).

WBGU 2007

Eine mögliche Konsequenz der stärkeren Niederschläge sind Überflutungen. Weiterhin können sie die Wasserqualität durch die Auswaschung von wasserverunreinigenden Stoffen beeinträchtigen. Genau wie Stürme können sie hydrologische Systeme aus dem Gleichgewicht bringen und die städtischen Drainagen, Abwasserleitungen und Trinkwasser-aufbereitungsanlagen überfordern.[49] Häufigere und stärkere Stürme sowie veränderte Niederschlagsmuster bringen Städte vor dem Hintergrund eines steigenden Meeresspiegels unter Druck. Insbesondere Küstenstädte sind von den zunehmenden Stürmen betroffen. Laut einer Studie ist die Bevölkerung der Städte Mumbai, Guangzhou, Shanghai, Miami, Ho Chi Minh City, Kalkutta, New York, Osaka-Kobe, Alexandria und New Orleans einem besonders hohem Risiko durch Stürme ausgesetzt. Es wird ge-

---

49 OECD (Organisation for Economic Co-operation and Development). 2010. Cities and Climate Change. http://www.oecd-ilibrary.org/cities-and-climate-change_5km9d6 26f18v.pdf?contentType=/ns/Book&itemId=/content/book/9789264091375-en&co ntainerItemId=/content/book/9789264091375-en&accessItemIds=&mimeType=ap plication/pdf. Zugegriffen: 8. November 2011. S. 68.

schätzt, dass bis zum Jahr 2070 die Zahl der Menschen, die einem solchen Risiko ausgesetzt sind, von bisher 50 Millionen auf 150 Millionen steigen wird.[50]

3.1.3 Dürren

Der Klimawandel wird die in vielen Regionen bestehende Wasserknappheit verschärfen, da globale Erwärmung und häufigere Dürren zu einer zusätzlichen Nachfrage nach Wasser führen.[51] Laut dem IPCC-Bericht werden in Afrika durch den Klimawandel 75 bis 250 Millionen Menschen von erhöhtem Wasserstress betroffen sein. Vor allem in großen Flusseinzugsgebieten wird die Trinkwasserverfügbarkeit abnehmen und bis 2050 ca. eine Milliarde Menschen betreffen.[52] Rund 50 Prozent der städtischen Bevölkerung in Asien und Afrika hat bereits heute keinen angemessenen Zugang zu Wasser.[53] Neben dem Klimawandel spielen auch noch andere Faktoren, wie Bevölkerungswachstum und gesteigerte Nachfrage durch höhere Lebensstandards, eine Rolle. Vor allem arme Bevöl-

---

50 Nicholls, Robert, Hanson, Susan, Herweijer, Celine, Patmore, Nicola, Hallegatte, Stéphane, Corfee-Morlot, Jan, Chateau, Jean, Muir Wood, Robert. 2008. Ranking Port Cities with High Exposure and Vulnerability to Climate Extremes: Exposure Estimates. OECD Environment Working Papers, No. 1. OECD Publishing. S. 3.
51 OECD (Organisation for Economic Co-operation and Development). 2010. Cities and Climate Change. http://www.oecd-ilibrary.org/cities-and-climate-change_5km9d62 6f18v.pdf?contentType=/ns/Book&itemId=/content/book/9789264091375-en&con tainerItemId=/content/book/9789264091375-en&accessItemIds=&mimeType=appl ication/pdf. Zugegriffen: 8. November 2011. S. 74.
52 IPCC (Intergovernmental Panel on Climate Change). 2007. Summary for Policymakers. In *Climate Change 2007: Impacts, Adaptation and Vulnerability. Contribution of Working Group II to the Fourth Assessment Report of the Intergovernmental Panel on Climate Change*, M.-L. Parry, O. Canziani, J. Palutikof, P. van der Linden, C. Hanson. Cambridge, UK: Cambridge University Press. http://www.ipcc-wg2.gov/AR4/website/spm.pdf. Zugegriffen: 19. April 2013. S. 13.
53 OECD (Organisation for Economic Co-operation and Development). 2010. Cities and Climate Change. http://www.oecd-ilibrary.org/cities-and-climate-change_5km9d62 6f18v.pdf?contentType=/ns/Book&itemId=/content/book/9789264091375-en&con tainerItemId=/content/book/9789264091375-en&accessItemIds=&mimeType=appl ication/pdf. Zugegriffen: 8. November 2011. S. 73.

kerungsschichten, die bereits schlecht mit Wasser versorgt sind, werden betroffen sein.[54]

3.1.4 Hitzeperioden

Laut dem IPCC-Bericht werden Hitzeperioden in Städten in Zukunft häufiger, intensiver und über einen längeren Zeitraum als bisher in Erscheinung treten.[55] Aufgrund des Wärmeinseln-Effekts ist der Temperaturanstieg in Städten bereits ohne Klimawandel höher.

Hitzeperioden in Städten wirken sich vor allem auf die Gesundheit und das Wohlbefinden der Bevölkerung aus: Mehr Hitzetote und Hungertote, stärkere Verbreitung von Infektionskrankheiten, Einschränkung der Arbeitsproduktivität und anderes sind mögliche Folgen.[56] Bedingt durch die höheren Temperaturen kann es zu einem Anstieg von Luftschadstoffen (Ozon) kommen. Besonders trifft dies auf Städte in Asien und Lateinamerika zu, die bereits eine hohe Luftverschmutzung aufweisen.[57] Bei der Anpassung an diese Klimaveränderungen

---

54 Satterthwaite, David. 2008. Climate Change and Urbanization: Effects and Implications for Urban Governance. United Nations Expert Group Meeting on Population Distribution, Urbanization, Internal Migration and Development 21-23 January 2008, New York. http://www.un.org/esa/population/meetings/EGM_PopDist/P16_Satterthwaite.pdf. Zugegriffen: 19. April 2013. S. 6.

55 IPCC (Intergovernmental Panel on Climate Change). 2007. Climate Change 2007: Synthesis Report. Contribution of Working Groups I, II and III to the Fourth Assessment Report of the Intergovernmental Panel on Climate Change. In *Geneva, Switzerland: Intergovernmental Panel on Climate Change*, hrsg. R.-K. Pachauri, A. Reisinger. http://www.ipcc.ch/publications_and_data/publications_ipcc_fourth_assessment_report_synthesis_report.htm. Zugegriffen: 8. November 2011. S. 30.

56 OECD (Organisation for Economic Co-operation and Development). 2010. Cities and Climate Change. http://www.oecd-ilibrary.org/cities-and-climate-change_5km9d626f18v.pdf?contentType=/ns/Book&itemId=/content/book/9789264091375-en&containerItemId=/content/book/9789264091375-en&accessItemIds=&mimeType=application/pdf. Zugegriffen: 8. November 2011. S. 71.

57 Satterthwaite, David. 2008. Climate Change and Urbanization: Effects and Implications for Urban Governance. United Nations Expert Group Meeting on Population Distribution, Urbanization, Internal Migration and Development 21-23 January 2008, New York. http://www.un.org/esa/population/meetings/EGM_PopDist/P16_Satterthwaite.pdf. Zugegriffen: 19. April 2013. S. 7.

werden der Energiebedarf sowie die Temperatur in Städten durch die Nutzung und die Abwärme von Klimaanlagen weiter steigen.[58]

3.2 Beitrag der Städte zum Klimawandel

Städte sind nicht nur stark von steigenden Temperaturen, Meeresspiegeln und zunehmenden extremen Wetterereignissen betroffen, sie tragen zugleich signifikant zum Klimawandel bei. 80 Prozent des globalen Energieverbrauchs und 67 Prozent der globalen CO_2 Emissionen entstehen in Städten.[59] Etwa die Hälfte der Weltbevölkerung lebt in Städten und der Prozess der Urbanisierung geht schnell voran. Damit ist klar, dass Städte bei der Vermeidung von Emissionen eine wichtige Rolle spielen müssen. Emissionen von Treibhausgasen in Städten fallen durch zwei Prozesse an: Erstens durch steigende Emissionen von Aerosolen und Treibhausgasen und zweitens durch Landnutzungsänderungen.[60]

Global bestehen auffällige Unterschiede zwischen Regionen und Ländern hinsichtlich der Treibhausgasemissionen. Entwicklungsländer verursachen mit einem Anteil von 80 Prozent der Weltbevölkerung nur 53 Prozent der Emissio-

---

58 OECD (Organisation for Economic Co-operation and Development). 2010. Cities and Climate Change. http://www.oecd-ilibrary.org/cities-and-climate-change_5km9d62 6f18v.pdf?contentType=/ns/Book&itemId=/content/book/9789264091375-en&con tainerItemId=/content/book/9789264091375-en&accessItemIds=&mimeType=appl ication/pdf. Zugegriffen: 8. November 2011. S. 71.
59 Hoornweg, Daniel, Sugar, Lorraine, Trejos Gómez, Claudia, L. 2011. Cities and greenhouse gas emissions: moving forward. *Environment and Urbanization* 23 (1): 207-227. http://eau.sagepub.com/content/23/1/207.full.pdf+html. Zugegriffen: 8. November 2011. S. 208. The World Bank. 2010. Cities and Climate Change: An urgent Agenda. Urban Development Series Knowledge Papers, Washington DC. The World Bank, Urban Development and Local Government. http://siteresources.worl dbank.org/INTUWM/Resources/340232-1205330656272/CitiesandClimateChange. pdf. Zugegriffen: 19. April 2013. S. 15.
60 UN-HABITAT. 2011. Global report on human settlements 2011: Cities and Climate Change. London, Washington DC: United Nations Human Settlements Programme (UN-HABITAT). http://www.unhabitat.org/downloads/docs/GRHS2011_Full.pdf. Zugegriffen: 19. April 2013. S. 11.

nen; der Rest entfällt auf die Industrieländer.[61] Die USA und Kanada zusammen verursachen 19,4 Prozent der globalen Emissionen, Südasien 13,1 Prozent und Afrika nur 7,8 Prozent. Noch deutlicher wird der Unterschied, wenn man die Pro-Kopf-Emissionen betrachtet. Weniger als eine Tonne pro Jahr und Kopf in Burkina Faso und Bangladesch stehen 20 Tonnen pro Kopf und Jahr in den USA und Australien gegenüber.[62] Ungeachtet dessen sind die Emissionen von Schwellenländern wie China und Indien in den letzten Jahren stark gestiegen. In Bezug auf das Gesamtvolumen der Emissionen hat China die USA 2008 als Spitzenreiter abgelöst.[63]

Städte in Entwicklungsländern haben jedoch deutlich niedrigere Pro-Kopf-Emissionen als Städte in Industrieländern.[64] Der *Carbon Footprint* einer Stadt wird von verschiedenen Faktoren beeinflusst. Die klimatischen und natürlichen Bedingungen beeinflussen den Energieverbrauch einer Stadt. Eine höher gelegene, nördliche Stadt mit langen, kalten Winter verbraucht viel Energie um zu heizen. Eine Stadt in den Tropen mit hohen Durchschnittstemperaturen verbraucht viel Elektrizität für Klimaanlagen. Städte mit kalten Wintern und heißen Sommern verbrauchen das ganze Jahr über relativ viel Energie, um Gebäude zu heizen oder zu kühlen.[65] Dabei spielt auch eine wichtige Rolle, welche Energie-

---

61 IPCC. 2007. Mitigation. Contribution of Working Group III to the Fourth Assessment Report of the Intergovernmental Panel on Climate Change, hrsg. B. Metz, O.R. Davidson, P.R. Bosch, R. Dave, L.A. Meyer., Cambridge, United Kingdom and New York, USA: Cambridge University Press. S. 106.
62 UN-HABITAT. 2011. Global report on human settlements 2011: Cities and Climate Change. London, Washington DC: United Nations Human Settlements Programme (UN-HABITAT). http://www.unhabitat.org/downloads/docs/GRHS2011_Full.pdf. Zugegriffen: 19. April 2013. S. 45.
63 Richerzhagen, Carmen, Scholz, Imme. 2008. China's Capacities for Mitigating Climate Change. In *World Development* 36 (2): 308-324. S. 308. IEA (International Energy Agency). 2008. World Energy Outlook 2008. Paris Cedex: OECD/ IEA. http://www.worldenergyoutlook.org/media/weowebsite/2008-1994/WEO2008.pdf. Zugegriffen: 19. April 2013. S. 382.
64 UN-HABITAT. 2011. Global report on human settlements 2011: Cities and Climate Change. London, Washington DC: United Nations Human Settlements Programme (UN-HABITAT). http://www.unhabitat.org/downloads/docs/GRHS2011_Full.pdf. Zugegriffen: 19. April 2013. S. 11.
65 Richerzhagen, Carmen, von Frieling, Tabea, Hansen, Nils, Minnaert, Anja, et al. .2008. Energy efficiency in buildings in China: policies, barriers and opportunities

ressourcen zur Verfügung stehen und mit welcher Kohlenstoffintensität die verbrauchte Energie produziert wird (z. B. Kohle, Gas, erneuerbare Energien). Städte, die in direkter Nähe von großen Kohlevorkommen sind, werden auf diese Energiequelle zurückgreifen. Somit ist zum Beispiel auch Chinas hoher Kohleanteil am Energiemix zu erklären.[66]

Der Industrialisierungsgrad einer Stadt ist ein weiterer wichtiger Faktor. In Peking und Shanghai trägt der industrielle Sektor jeweils 43 und 64 Prozent zu den Gesamtemissionen der Städte bei. Viele Städte liegen deutlich unter diesem Wert, da dort der Dienstleistungssektor eine größere Rolle spielt.[67] Ein Großteil der Produktion in kohlenstoffintensiven Städten ist für den Export bestimmt. Damit kann man diese Emissionen nicht nur den jeweiligen Städten anlasten, auch wenn es in offiziellen Statistiken bisher so erscheint. Insbesondere Städte in China, Indien, Brasilien und Südafrika haben sich zu Produktionszentren entwickelt.[68] In diesem Zusammenhang spielt die eingesetzte Technologie eine große Rolle. In vielen Sektoren existieren bereits technologische Innovationen, die die Kohlenstoffintensität signifikant senken, aber noch keine breite Anwendung finden.

Weiterhin tragen Wirtschaftswachstum, Wohlstand und die Veränderung von Lebensstilen zu einem höheren Verbrauch von Kohlenstoff bei. In China zum Beispiel entwickeln sich in Städten energieintensive Autos, Wohnungen und elektronische Geräte zu Statussymbolen.[69] Somit ist oft nur ein Teil der städti-

---

Studies. 41. Bonn: Deutsches Institut für Entwicklungspolitik / German Development Institute. http://www.die-gdi.de/CMS-Homepage/openwebcms3.nsf/(ynDK_contentByKey)/ANES-7NJGTV/$FILE/Studies%2041.2008.pdf. Zugegriffen: 19. April 2013. S. 27-29.

66 UN-HABITAT. 2011. Global report on human settlements 2011: Cities and Climate Change. London, Washington DC: United Nations Human Settlements Programme (UN-HABITAT). http://www.unhabitat.org/downloads/docs/GRHS2011_Full.pdf. Zugegriffen: 19. April 2013. S. 52.
67 Ebd. S. 11.
68 Ebd. S. 48.
69 Richerzhagen, Carmen, von Frieling, Tabea, Hansen, Nils, Minnaert, Anja, et al. 2008. Energy efficiency in buildings in China: policies, barriers and opportunities. Studies 41. Bonn: Deutsches Institut für Entwicklungspolitik / German Development Institute. http://www.die-gdi.de/CMS-Homepage/openwebcms3.nsf/(ynDK_conten

schen Bevölkerung für die Emissionen verantwortlich: die Ober- und Mittelklasse, die insbesondere in Schwellenländern stark wächst. Eine Studie zeigt, dass die reichste Bevölkerungsgruppe (1 %) in Indien im Vergleich zur ärmsten Gruppe (38 %) pro Jahr die vierfache Menge an CO2 produziert, weil arme Bevölkerungsschichten nur sehr eingeschränkten Zugang zu Energie und zu kohlenstoffintensiven Produkten und Dienstleistungen haben.[70]

Es gibt aber auch Faktoren, die in die andere Richtung wirken. Im globalen Maßstab sind Bevölkerung und Treibhausgasemission negativ korreliert. Das heißt, bei einem Anstieg der Bevölkerung sinken die durchschnittlichen Pro-Kopf-Emissionen. Städte bieten somit auch ein Potential zur Verminderung von Treibhausgasen.

Die Nutzung von fossilen Brennstoffen ist die Hauptquelle der Treibhausgasemissionen in Städten. Die Sektoren, in denen global die meisten Emissionen anfallen, sind die Energieversorgung (für Stromerzeugung, Transport, Gebäude), die Industrie, die Entsorgung, die Landwirtschaft, Landnutzungsänderungen und der Wald.[71] Der Beitrag dieser Sektoren zum Klimawandel soll in der Folge beschrieben werden.

3.2.1 Stromerzeugung

Global ist die Energieerzeugung für rund 26 Prozent der Treibhausgasemissionen verantwortlich.[72] Die Quellen der Stromerzeugung haben einen großen

---

tByKey)/ANES-7NJGTV/$FILE/Studies%2041.2008.pdf. Zugegriffen: 19. April 2013. S. 79.

70 UN-HABITAT. 2011. Global report on human settlements 2011: Cities and Climate Change. London, Washington DC: United Nations Human Settlements Programme (UN-HABITAT). http://www.unhabitat.org/downloads/docs/GRHS2011_Full.pdf. Zugegriffen: 19. April 2013. S. 51.

71 Ebd. S. 38.

72 IPCC (Intergovernmental Panel on Climate Change). 2007. Climate Change 2007: Synthesis Report. Contribution of Working Groups I, II and III to the Fourth Assessment Report of the Intergovernmental Panel on Climate Change. In *Geneva, Switzerland: Intergovernmental Panel on Climate Change*, hrsg. R.-K. Pachauri, A. Reisinger. ttp://www.ipcc.ch/publications_and_data/publications_ipcc_fourth_assessment_report_synthesis_report.htm. Zugegriffen: 8. November 2011. S. 36.

Einfluss auf den Anteil der entstehenden Treibhausgasemissionen. Städte mit einem relativ hohen Anteil von zum Beispiel Wasserkraft oder erneuerbaren Energien stoßen deutlich weniger Emissionen aus als Städte, deren Energieversorgung sich hauptsächlich aus der Verbrennung von Kohle speist. Der Stromverbrauch in Städten liegt durchschnittlich bei 4,5 bis 7 Megawattstunden pro Kopf pro Jahr. Städte wie Bangkok und New York City liegen in diesem Bereich. Andere Städte wie Kapstadt (3,49 MWh) liegen deutlich unter dem Durchschnitt oder wie Denver deutlich darüber (11,49 MWh). In vielen Entwicklungsländern ist der Stromverbrauch noch niedrig, da nur ein geringer Teil der Bevölkerung an das Stromnetz angeschlossen ist. Der Großteil dieser Menschen lebt in ländlichen Gebieten, aber auch größere Teile der städtischen Bevölkerung haben keinen direkten Zugang. Schätzungen zufolge haben in 21 Entwicklungsländern mehr als 50 Prozent der Bevölkerung keinen Zugang zu Elektrizität.[73]

3.2.2 Transport

Global verursachen Transportströme 23 Prozent der Treibhausgasemissionen.[74] In einigen Städten liegt der Anteil an den urbanen Emissionen durch die starke Automobilnutzung deutlich höher (z. B. in Rio de Janeiro 30 %, in São Paulo 60 %). Mit fortschreitender Urbanisierung und Wirtschaftswachstum steigt auch der Transport. Trotzdem muss ein Ausbau des Transportsystems nicht mit steigenden Emissionen einhergehen. Aufgrund der Besiedlungsdichte und durch den Ausbau von öffentlichen Nahverkehrssystemen können Emissionen reduziert werden. Es ist zu beobachten, dass dicht besiedelte Städte (mit Ausnahme

---

73 UN-HABITAT. 2011. Global report on human settlements 2011: Cities and Climate Change. London, Washington DC: United Nations Human Settlements Programme (UN-HABITAT). http://www.unhabitat.org/downloads/docs/GRHS2011_Full.pdf. Zugegriffen: 19. April 2013. S. 39.
74 IPCC (Intergovernmental Panel on Climate Change). 2007. Climate Change 2007: Synthesis Report. Contribution of Working Groups I, II and III to the Fourth Assessment Report of the Intergovernmental Panel on Climate Change. In Geneva, Switzerland: Intergovernmental Panel on Climate Change, hrsg. R.-K. Pachauri, A. Reisinger. http://www.ipcc.ch/publications_and_data/publications_ipcc_fourth_assessment_report_synthesis_report.htm Zugegriffen: 8. November 2011. S. 36.

chinesischer Städte) insgesamt weniger Pro-Kopf-Emissionen verursachen.[75] Dennoch fällt auf, dass in einigen Städten der Anteil der Emissionen, die durch Transport verursacht werden, steigt. In China zum Beispiel sind sie zwischen 1993 und 2006 durchschnittlich pro Jahr um 6 Prozent angestiegen.

In Entwicklungsländern gibt es einen starken Zusammenhang zwischen wirtschaftlichem Wachstum, dem Verkehrsaufkommen und der Nutzung von privaten Fahrzeugen. Diese sind meist alt und ineffizient. Aber gerade hier liegt auch eine Chance. Durch Austausch von Technologien und Treibstoffen sind enorme Effizienzsprünge zu erwarten. So wird zum Beispiel geschätzt, dass der Wechsel von Diesel zu Gas bei 3000 Bussen in Mumbai zu einer 14-prozentigen Einsparung an Emissionen geführt hat.[76]

3.2.3 Gebäude

Gebäude machen acht Prozent der globalen Gesamtemissionen aus.[77] In einigen Ländern, ist der Wert deutlich höher. In China beanspruchen allein die Wohngebäude 30 Prozent der gesamten Endenergienutzung und verursachen 25 Prozent der Treibhausgasemissionen. Es wird erwartet, dass der Verbrauch jährlich um 1,1 Prozent ansteigt.[78] Wirtschaftliches Wachstum und Urbanisierung haben in China für massive Investitionen im Baugewerbe gesorgt. Trotz des Neubaus ist die Energieintensität der Gebäude in China weiterhin sehr hoch

---

75　UN-HABITAT. 2011. Global report on human settlements 2011: Cities and Climate Change. London, Washington DC: United Nations Human Settlements Programme (UN-HABITAT). http://www.unhabitat.org/downloads/docs/GRHS2011_Full.pdf. Zugegriffen: 19. April 2013. S. 40.
76　Ebd. S. 41.
77　IPCC (Intergovernmental Panel on Climate Change). 2007. Climate Change 2007: Synthesis Report. Contribution of Working Groups I, II and III to the Fourth Assessment Report of the Intergovernmental Panel on Climate Change. In *Geneva, Switzerland: Intergovernmental Panel on Climate Change*, hrsg. R.-K. Pachauri, A. Reisinger. http://www.ipcc.ch/publications_and_data/publications_ipcc_fourth_assessment_report_synthesis_report.htm. Zugegriffen: 8. November 2011. S. 36.
78　IEA (International Energy Agency). 2007. World Energy Outlook 2007. Paris. http://www.worldenergyoutlook.org/media/weowebsite/2008-1994/WEO_2007.pdf. Zugegriffen: 19. April 2013. S. 265/304.

und die Energienutzung damit ineffizient.[79] Der Großteil der Energie in Gebäuden wird zum Heizen, Kühlen und zur Stromversorgung verbraucht (in China 80 %). Auch hier ist die Kohlenstoffintensität wieder davon abhängig, wie die genutzte Energie produziert wird (z. B. aus Kohle, Gas, erneuerbaren Energien). Die klimatischen Bedingungen der Regionen, in denen die Städte liegen, haben einen großen Einfluss auf das Heiz- und Kühlverhalten. In einer Stadt wie Peking, die von kalten Wintern und heißen Sommern heimgesucht wird, ist der Energieverbrauch sehr hoch. Auch im Gebäudesektor spielen steigender Wohlstand und die Veränderung der Konsummuster eine große Rolle. Wohngebäude werden im Zuge des Wirtschaftswachstums und der steigenden Lebensstandards immer größer. Damit steigt auch der Energieverbrauch an.

3.2.4 Industrie

19 Prozent der globalen Treibhausgasemissionen sind auf die Industrie zurückzuführen.[80] Auch wenn ein Großteil der europäischen und amerikanischen Städte im Zuge der Industrialisierung entstanden und gewachsen sind, so befinden sich die Industriezentren heute in den Schwellen- und Entwicklungsländern; zum einen um dort niedrige Löhne und lockere rechtliche Vorgaben auszunutzen, zum anderen da sich dort bereits (z. B. chinesische oder indische) Firmen etabliert haben, die im Weltmarkt konkurrieren können oder westliche Konkurrenten bereits verdrängt haben. Aber auch in diesen Ländern ist der Trend zu

---

79 Richerzhagen, Carmen, von Frieling, Tabea, Hansen, Nils, Minnaert, Anja, et al. 2008. Energy efficiency in buildings in China: policies, barriers and opportunities. Studies 41. Bonn: Deutsches Institut für Entwicklungspolitik / German Development Institute. http://www.die-gdi.de/CMS-Homepage/openwebcms3.nsf/(ynDK_contentByKey)/ANES-7NJGTV/$FILE/Studies%2041.2008.pdf. Zugegriffen: 19. April 2013. S. 26.
80 IPCC (Intergovernmental Panel on Climate Change). 2007. Climate Change 2007: Synthesis Report. Contribution of Working Groups I, II and III to the Fourth Assessment Report of the Intergovernmental Panel on Climate Change. In *Geneva, Switzerland: Intergovernmental Panel on Climate Change*, hrsg. R.-K. Pachauri, A. Reisinger. http://www.ipcc.ch/publications_and_data/publications_ipcc_fourth_assessment_report_synthesis_report.htm. Zugegriffen: 8. November 2011. S. 36.

erkennen, dass die industrielle Produktion in kleinere Städte oder Vororte gedrängt wird, um die Lebensqualität an den alten Standorten zu erhöhen.[81]

Viele industrielle Prozesse sind sehr energie- und kohlenstoffintensiv (z. B. Verarbeitung von Eisen und Stahl, Produktion von Zement, Chemikalien und Dünger). Die Emissionen hängen vom Grad der genutzten Technologie ab. Neue Anlagen in Entwicklungsländern können eine geringere Intensität als alte Anlagen in Industrieländern haben. Kleine und mittlere Unternehmen sind oft nicht in der Lage, in neueste Technologien zu investieren.[82]

Eine Studie über den Zusammenhang zwischen Treibhausgasemissionen und Industrialisierung in Südafrika zeigt, dass in stark industrialisierten Städten der Anteil der Industrie an den Emissionen 89 Prozent beträgt. Ähnliches lässt sich auch in China beobachten, auch wenn hier die Tendenz sinkt. Zwischen 1985 und 2006 ist der Anteil der Industrie an den Emissionen in Peking von 65 auf 43 Prozent gesunken. Dies kann mit der wachsenden Bedeutung des Transportsektors (eine Versiebenfachung im gleichen Zeitraum) und der Verlagerung der Produktion in andere Städte erklärt werden.[83]

3.2.5 Land- und Forstwirtschaft

Land- und Forstwirtschaft tragen mit einem Anteil von 31 Prozent wesentlich zu den globalen Treibhausgasemissionen bei.[84] Zu einem großen Teil spielen die Aktivitäten in diesen Sektoren im ländlichen Raum statt, dennoch kann die landwirtschaftliche Produktion in stadtnahen Gebieten sowie angrenzende

---

81 UN-HABITAT. 2011. Global report on human settlements 2011: Cities and Climate Change. London, Washington DC: United Nations Human Settlements Programme (UN-HABITAT). http://www.unhabitat.org/downloads/docs/GRHS2011_Full.pdf. Zugegriffen: 19. April 2013. S. 44.
82 Ebd. S. 43.
83 Ebd. S. 44.
84 IPCC (Intergovernmental Panel on Climate Change). 2007. Climate Change 2007: Synthesis Report. Contribution of Working Groups I, II and III to the Fourth Assessment Report of the Intergovernmental Panel on Climate Change. In *Geneva, Switzerland: Intergovernmental Panel on Climate Change*, hrsg. R.-K. Pachauri, A. Reisinger. http://www.ipcc.ch/publications_and_data/publications_ipcc_fourth_assessment_report_synthesis_report.htm. Zugegriffen: 8. November 2011. S. 36.

Waldflächen eine wichtige Rolle spielen. Städte beeinflussen diese Sektoren vor allem auf zwei Wegen. Erstens, durch den rasanten Prozess der Urbanisierung werden immer wieder neue Flächen erschlossen, die zuvor von Wald bedeckt oder landwirtschaftlich genutzt wurden. Als Konsequenz müssen neue Flächen für die Landwirtschaft erschlossen werden. Durch die Rodung wird $CO2$ freigesetzt.

Zweitens, die wachsende städtische Bevölkerung muss ernährt und die landwirtschaftliche Produktion muss insgesamt erhöht werden. Mehr Wohlstand in den Städten führt auch zu neuen Konsummustern. Die größere Nachfrage nach Fleisch wirkt sich zum Beispiel negativ auf die Emissionsbilanz der Städte aus, da die Fleischproduktion mit erhöhten Emissionen verbunden ist.[85]

3.3 Chancen für Anpassung und Vermeidung in Städten

Städte sind als Zentren von Nachfrage und Produktion und damit als große Emittenten für den Klimawandel mitverantwortlich. Gleichzeitig sind sie, vor allem in Küstenzonen und Gebieten, die bereits anderen Herausforderungen ausgesetzt sind, stark vom Klimawandel betroffen. Beide Phänomene erfordern ein schnelles Handeln der Städte, die gleichzeitig einen Beitrag zur Vermeidung des Klimawandels leisten können, sich aber selbst an den Auswirkungen Klimawandel anpassen müssen. Maßnahmen zur Vermeidung sollen den Klimawandel bremsen; Anpassungsmaßnahmen den Schaden, der durch den Klimawandel entsteht, abmildern.

Der bedeutende Unterschied zwischen Vermeidung und Anpassung liegt im Ausmaß ihrer Wirkung sowie in den dazugehörigen Kosten. Anpassungsmaßnahmen wirken sich in erster Linie lokal aus, um den Bedürfnissen der betroffenen Regionen und Bevölkerungsschichten gerecht zu werden. Die Kosten können dabei zum Beispiel durch den Bau oder die Verbesserung von Infrastruktur (Hochwasser- und Überflutungsschutz, Straßen, Häfen) sehr hoch

---

85 UN-HABITAT. 2011. Global report on human settlements 2011: Cities and Climate Change. London, Washington DC: United Nations Human Settlements Programme (UN-HABITAT). http://www.unhabitat.org/downloads/docs/GRHS2011_Full.pdf. Zugegriffen: 19. April 2013. S. 44.

sein.[86] Durch eine Minderung der Risikofaktoren werden jedoch erhebliche Kosten eingespart, die zunächst der betroffenen Bevölkerung, aber auch den jeweiligen Regierungen und der internationalen Gemeinschaft zugutekommen. Laut des Stern-Berichts werden die Kosten des Klimawandels (für Anpassung) bei Nichthandeln in Zukunft jährlich rund fünf Prozent des globalen Bruttoinlandsprodukts ausmachen.[87]

Vermeidung ist im Vergleich zu Anpassung eine globale Herausforderung, denn es ist gleichgültig, wo die Emissionen entstehen. Um die Vermeidung eines gefährlichen Klimawandels zu erreichen, muss auf globaler Ebene eine Transformation zu einer kohlenstoffarmen Wirtschafts- und Lebensweise eingeleitet werden.[88] Städte spielen hierbei eine Schlüsselrolle. Eine Herausforderung für den Klimaschutz liegt vor allem in der Verknüpfung von rasanter Verstädterung und zunehmenden Wohlstand. Besonderer Handlungsbedarf besteht in den Entwicklungs- und Schwellenländern mit hohen Wachstumsraten. Mehr Wohlstand impliziert meist einen höheren Energie- und Ressourcenverbrauch. Die Verstädterung und Entwicklung basiert hier zu einem großen Teil auf der Nutzung fossiler Energieträger, die günstig zur Verfügung stehen (so z. B. Kohle in vielen Schwellenländern).[89]

Druck zum Handeln besteht in Städten aufgrund verschiedener Faktoren: Verzögerungskosten, Zusatznutzen und internationale Klimaverpflichtungen. Die Kosten einer Verzögerung und des zu späten Umlenkens auf einen kohlenstoffarmen Pfad sind in schnell wachsenden Städten sehr hoch. Kurzfristig können Anpassungs- und Vermeidungsmaßnahmen mit hohen Kosten verbunden

---

86 The World Bank. 2010. Cities and Climate Change: An urgent Agenda. Urban Development Series Knowledge Papers, Washington DC: The World Bank, Urban Development and Local Government. http://siteresources.worldbank.org/INTUWM/Resources/340232-1205330656272/CitiesandClimateChange.pdf. Zugegriffen: 19. April 2013. S. 11.
87 Stern, Nicholas. 2006. *The Economics of Climate Change*. Cambridge. NY: Cambridge University Press.
88 WBGU (Wissenschaftlicher Beirat der Bundesregierung Globale Umweltveränderungen). 2011. Hauptgutachten Welt im Wandel: Gesellschaftsvertrag für eine Große Transformation. Berlin: German Advisory Council on Global Change. http://www.wbgu.de/fileadmin/templates/dateien/veroeffentlichungen/hauptgutachten/jg2011/wbgu_jg2011_ZfE.pdf. Zugegriffen: 19. April 2013.
89 Ebd. S. 5.

sein, da sie kapitalintensiv sind und in manchen Sektoren große Systemänderungen erfordern. Im Zeitverlauf jedoch können sich die meisten Maßnahmen durch Kosteneinsparungen refinanzieren.[90]

Durch den engen Zusammenhang von Anpassung und Vermeidung müssen diese in einem integrierten Ansatz bei der Stadtentwicklung berücksichtigt werden. Durch Investitionen in Anpassungs- und Vermeidungsmaßnahmen entstehen bedeutende, zusätzliche Nutzen in den Bereichen Gesundheit, Lebensqualität, Energiesicherheit und Wohlstand sowie ökonomisches Wachstum durch die Schaffung neuer Arbeitsplätze.[91] Weiterhin spielen die Städte eine maßgebliche Rolle zur Erreichung nationaler Klimaziele inner- und außerhalb internationaler Abkommen. Viele Städte engagieren sich bereits ohne den Druck von Verpflichtungen im Klima- und Energiebereich.[92]

Städte sind nicht nur Teil des klimapolitischen Problems, sie sind auch Teil der Lösung und in einer guten Position auf die Herausforderungen des Klimawandels zu reagieren. Die große Anzahl von Haushalten, Industrien und Transportinfrastrukturen sowie deren räumliche Dichte bieten Möglichkeiten für erhebliche Kostenreduktion.[93] Städte sind in einer besonderen Position, lokale

---

90 The World Bank. 2010. Cities and Climate Change: An urgent Agenda. Urban Development Series Knowledge Papers, Washington DC: The World Bank, Urban Development and Local Government. http://siteresources.worldbank.org/INTUWM/Resources/340232-1205330656272/CitiesandClimateChange.pdf. Zugegriffen: 19. April 2013. S. 11.

91 Richerzhagen, Carmen, von Frieling, Tabea, Hansen, Nils, Minnaert, Anja, et al. 2008. Energy efficiency in buildings in China: policies, barriers and opportunities. Studies 41. Bonn: Deutsches Institut für Entwicklungspolitik / German Development Institute. http://www.die-gdi.de/CMS-Homepage/openwebcms3.nsf/(ynDK_contentByKey)/ANES-7NJGTV/$FILE/Studies%2041.2008.pdf. Zugegriffen: 19. April 2013. S. 27.

92 The World Bank. 2010. Cities and Climate Change: An urgent Agenda. Urban Development Series Knowledge Papers, Washington DC: The World Bank, Urban Development and Local Government. http://siteresources.worldbank.org/INTUWM/Resources/340232-1205330656272/CitiesandClimateChange.pdf. Zugegriffen: 19. April 2013. S. 33.

93 The World Bank. 2010. Cities and Climate Change: An urgent Agenda. Urban Development Series Knowledge Papers, Washington DC: The World Bank, Urban Development and Local Government. http://siteresources.worldbank.org/INTUWM/Resources/340232-1205330656272/CitiesandClimateChange.pdf. Zugegriffen: 19. April

Klimamaßnahmen zu initiieren und durchzuführen. Sie sind für die Sektoren, die für die Klimastabilisierung entscheidend sind (z. B. Raumplanung, Transport, Gebäude) verantwortlich und dadurch in der Lage, die Synergiepotentiale durch eine integrierte Stadtplanung umzusetzen. Städte sind hinsichtlich der Umsetzung von Anpassungs- und Vermeidungsstrategien in einer vergleichsweise guten Position, da sie über weitreichende Kompetenzen in der Stadt- und Raumplanung, Verkehr, Müllentsorgung sowie Energieerzeugung verfügen. Durch die Nähe der politischen Entscheidungsträger zu den Bürgern können Maßnahmen oft schnell und effektiv umgesetzt werden. Zum einen können zivilgesellschaftliche Gruppen direkter an den Entscheidungsabläufen städtischer Behörden partizipieren und zum anderen kann der Privatsektor besser eingebunden werden.[94]

Die größte Herausforderung besteht jedoch in der hohen Geschwindigkeit der Urbanisierung. Dies gilt insbesondere für die Dynamik der Verstädterung in Asien, wo sich die urbane Bevölkerung in den kommenden zwei Dekaden auf 3 Milliarden Menschen verdoppelt. Werden die zusätzlichen urbanen Infrastrukturen auf der Grundlage der etablierten *High Carbon*–Stadtkonzepte entwickelt, hätte dies fatale Auswirkungen auf die Dynamik des Klimawandels. Dies gilt insbesondere, weil städtische Infrastrukturen für viele Dekaden gebaut werden und daher ein enormes Pfadabhängigkeitspotenzial implizieren. Die neuen urbanen Räume in Asien müssten also ab sofort klimaverträglich konzipiert und gebaut werden. Weitgehend emissionsfreie Städte müssten entstehen. Bisher gibt es aber weltweit keine einzige klimaverträgliche Stadt, an der sich ein solcher radikaler Strategiewechsel orientieren könnte.

2013. S. 1. WBGU (Wissenschaftlicher Beirat der Bundesregierung Globale Umweltveränderungen). 2011. Hauptgutachten Welt im Wandel: Gesellschaftsvertrag für eine Große Transformation. Berlin: German Advisory Council on Global Change. http://www.wbgu.de/fileadmin/templates/dateien/veroeffentlichungen/hauptgutachten/jg2011/wbgu_jg2011_ZfE.pdf. Zugegriffen: 19. April 2013. S. 62-63.

94 UN-HABITAT. 2011. Global report on human settlements 2011: Cities and Climate Change. London, Washington DC: United Nations Human Settlements Programme (UN-HABITAT). http://www.unhabitat.org/downloads/docs/GRHS2011_Full.pdf. Zugegriffen: 19. April 2013. S. 91.

4 Empfehlung für eine klimafreundliche Urbanisierung

Im vorangegangenen Teil wurde gezeigt, dass Städte entscheidend zum Klimawandel beitragen und von diesem gleichzeitig stark betroffen sein werden. Die Gestaltung einer nachhaltigen Urbanisierung ist somit eines der zentralen Transformationsfelder für den Übergang zu einer klimaverträglichen Gesellschaft.[95] In diesem abschließenden Teil werden erforderliche Reformen im globalen Mehrebenensystem beschrieben, durch die eine nachhaltige urbane Transformation gelingen kann.

Auf der globalen Ebene wird das Thema Urbanisierung noch immer stiefmütterlich behandelt. Der hohe Handlungsdruck, der sich aus der doppelten Herausforderung einer fortschreitenden Urbanisierung und stark ansteigender Treibhausgasemissionen ergibt, steht im starken Kontrast zur Schwäche von UN-HABITAT, der Organisation, die innerhalb des UN-Systems für das Thema Urbanisierung verantwortlich ist. UN-HABITAT verfügt über äußerst begrenzte finanzielle und personelle Kapazitäten und ist in ihrer normensetzenden Rolle stark eingeschränkt. Die Schwäche von UN-HABITAT kommt auch in der ungenügenden und allzu oft uneinheitlichen Datenerhebung zum Thema Urbanisierung und Klimawandel zum Ausdruck. Gerade die mangelhafte Datenlage hinsichtlich der Entwicklung von kleinen und mittleren Städten, die entscheidend zum Wachstum urbaner Räume beitragen, stellt ein entscheidendes Hemmnis für die Formulierung von effektiven Klimastrategien auf der globalen, regionalen, nationalen und lokalen Ebene dar.[96]

Angesichts der Schwäche von UN-HABITAT plädiert der WBGU für eine grundlegende Reform der *Global Governance*-Architektur zur Förderung einer nachhaltigen Urbanisierung durch die Gründung einer Weltkommission für klimaverträgliche Stadtentwicklung. Nach dem Vorbild der Weltstaudammkommission, die mit dem Auftrag zur Erarbeitung globaler Normen für Dämme eingesetzt wurde und mit wichtigen Interessengruppen besetzt war, hätte eine

---

95 WBGU (Wissenschaftlicher Beirat der Bundesregierung Globale Umweltveränderungen). 2011. Hauptgutachten Welt im Wandel: Gesellschaftsvertrag für eine Große Transformation. Berlin: German Advisory Council on Global Change. http://www.wbgu.de/fileadmin/templates/dateien/veroeffentlichungen/hauptgutachten/jg2011/wbgu_jg2011_ZfE.pdf. Zugegriffen: 19. April 2013).
96 Ebd. S. 312.

solche Weltkommission für klimaverträgliche Stadtentwicklung zur Aufgabe, Umsetzungsstrategien für nachhaltige Urbanisierungsprozesse zu entwickeln. Zusätzlich zu einer solchen Kommission schlägt der WBGU die Gründung einer UN-Sonderorganisation für nachhaltige Stadtentwicklung vor. UN-HABITAT würde in dieser neuen Sonderorganisation aufgehen. Sie sollte mit einem umfassenderen Mandat ausgestattet werden, um dem Thema Urbanisierung, insbesondere durch die Verknüpfung mit der Klimaproblematik, zu einer stärkeren Bedeutung in den internationalen Politikprozessen und Debatten zu verhelfen. Im Vergleich zu UN-HABITAT wäre eine solche UN-Sonderorganisation besser in der Lage, die Themen Urbanisierung und Klimaschutz integrativ zu bearbeiten.[97] Gleichzeitig muss das Thema Urbanisierung auch auf den Agenden weiterer UN-Organisationen stärker verankert werden. Einerseits müssen *Governance-*Lücken im Bereich Urbanisierung geschlossen werden und andererseits müssen transformationshemmende und kostenträchtige Parallelstrukturen abgebaut werden. Hierzu empfiehlt der WBGU die im Jahr 2006 vom damaligen UN-Generalsekretär Kofi Annan vorgelegten Reformempfehlungen für systemweite Kohärenz innerhalb der UN-Struktur aufzugreifen und mit Nachdruck eine konsequente Integration von umwelt- und klimapolitischer Belange in die Agenden von UN-Organisationen wie zum Beispiel dem Umweltprogramm der Vereinten Nationen (UNEP), dem Entwicklungsprogramm der Vereinten Nationen (UNDP) und der Weltbank zu erreichen.[98]

Angesichts des besonders starken Zuwachses urbaner Räume in Entwicklungsländern, spielt die Entwicklungspolitik eine entscheidende Rolle, die Transformation in Richtung einer nachhaltigen Urbanisierung zu gestalten. Allerdings vernachlässigte die internationale Gebergemeinschaft die Bedeutung des Themas Urbanisierung für klimaverträgliche Entwicklung. Der starke Fokus der internationalen Gemeinschaft in der letzten Dekade auf die Erreichung der Millennium Development Goals (MDGs) hat allgemein zu einer Vernachlässigung umweltpolitischen Zielen geführt. Diese tauchen als siebtes Ziel nur sehr

---

97 WBGU (Wissenschaftlicher Beirat der Bundesregierung Globale Umweltveränderungen). 2011. Hauptgutachten Welt im Wandel: Gesellschaftsvertrag für eine Große Transformation. Berlin: German Advisory Council on Global Change. http://www.wbgu.de/fileadmin/templates/dateien/veroeffentlichungen/hauptgutachten/jg2011/wbgu_jg2011_ZfE.pdf. Zugegriffen: 19. April 2013). S. 313.
98 Ebd. S. 20.

weit hinten in der Liste der MDGs auf und werden schon aufgrund der reinen Zahl von wirtschafts- und sozialpolitischen Zielen in den Hintergrund gedrängt.[99] Was für umweltpolitische Belange gilt, gilt auch für das Ziel der Förderung nachhaltiger Urbanisierungsprozesse in Entwicklungsländern. Auch hier liegt der bisherige Schwerpunkt vor allem auf Armutsreduzierung sowie der Verbesserung der Bildung und Gesundheit. Diese Ziele bleiben auch in Zukunft wichtig. Um eine langfristige Reduzierung der globalen Armut zu erreichen, müsste allerdings die 2-Grad-Leitplanke der globalen Klimapolitik auch für die globale Entwicklungspolitik stärker handlungsleitend werden, als dies aktuell der Fall ist und Städte müssen stärker ins Zentrum gerückt werden.

Der Bezugszeitraum der MDGs endet 2015 und die Diskussionen darüber, wie es danach weitergehen soll, ob es wieder neue Ziele geben soll und welchen inhaltlichen Fokus sie haben sollten, werden unter dem Stichwort „Post-2015" zusammengefasst. Auch wenn es noch keine klaren Aussagen gibt und die Beratungen im Gange sind, zeichnet sich ab, dass die Themen Umwelt und Urbanisierung in einer Post-2015-Agenda stärker als bei den MDGs berücksichtigt werden. Dementsprechend sollten sich also auch bilaterale und multilaterale Geber stärker auf die Förderung nachhaltiger Urbanisierungsprozesse konzentrieren.

Die bisher eingesetzten finanziellen Mittel sind ungenügend. So fördert zum Beispiel Deutschland derzeit Maßnahmen für eine klimaverträgliche Urbanisierung in Asien mit lediglich 20 Millionen Euro über einen Zeitraum von fünf Jahren. Angesichts der immensen Herausforderungen hält der WBGU eine Aufstockung der Mittel der internationalen Entwicklungszusammenarbeit in diesem Bereich um das 100-fache für notwendig.[100] Diese Mittel sollten für die Entwick-

---

99 Loewe, Markus. 2005. Die Millennium Development Goals: Hintergrund, Bedeutung und Bewertung aus Sicht der deutschen Entwicklungszusammenarbeit. Bonn: Deutsches Institut für Entwicklungspolitik. http://www.aksb.de/upload/dateien/Projekt%20Globalisierung/MDGs%20BB%20DiscPaper%20InternetFass.pdf. Zugegriffen: 19. April 2013.
100 WBGU (Wissenschaftlicher Beirat der Bundesregierung Globale Umweltveränderungen). 2011. Hauptgutachten Welt im Wandel: Gesellschaftsvertrag für eine Große Transformation. Berlin: German Advisory Council on Global Change. http://www.wbgu.de/fileadmin/templates/dateien/veroeffentlichungen/hauptgutachten/jg2011/wbgu_jg2011_ZfE.pdf. Zugegriffen: 19. April 2013. S. 315.

lung und Verbreitung geeigneter Technologien im Rahmen von Technologiepartnerschaften eingesetzt werden. Gerade Deutschland verfügt über das technologische Know-how die Potentiale von Geothermie als Energiequelle oder solarer Kühlsysteme in Entwicklungsländern zu nutzen. Darüber hinaus sollte die Entwicklungspolitik gezielt in den Aufbau von institutionellen Kapazitäten zur Förderung einer nachhaltigen Urbanisierung investieren. Ein zentrales Element zur nachhaltigen Gestaltung von Urbanisierungsprozessen ist die Stadt- und Raumplanung, die nicht nur zur Vermeidung von Treibhausgasemissionen beitragen muss, sondern städtische Infrastruktur auch auf die Folgen des bereits unvermeidbaren Anstiegs der Temperatur vorbereiten muss. Es gilt die Raumplanungsbehörden durch *Capacity Building* zu stärken. Darüber hinaus sollten aber auch weitere Akteure, wie zum Beispiel Architekten, als Akteure eines nachhaltigen Wandels der Urbanisierung betrachtet und entsprechend gefördert werden. Der WBGU plädiert in diesem Zusammenhang für den Aufbau von Ausbildungs- und Studienangebote für nachhaltige Stadtplanung und Architektur.[101]

Sollen die oben beschriebenen Maßnahmen den Übergang zu einer nachhaltigen Urbanisierung in der Breite ermöglichen, so ist es zugleich notwendig über ambitionierte Leuchtturmprojekte zur Förderung klimaverträglicher Großstädte nachzudenken. Diese symbolträchtigen Großprojekte sind notwendig, um die Praktikabilität der Vision einer nachhaltigen Urbanisierung weltweit zu demonstrieren. Asien spielt hierbei eine entscheidende Rolle. Gerade in dieser Region kann eine ungesteuerte Urbanisierung in einer emissionsintensiven Pfadabhängigkeit resultieren, die das Erreichen des 2-Grad-Ziels unmöglich macht. Aufgrund der Größe der Herausforderung einer solchen Transformation asiatischer Megastädten – der WBGU[102] spricht von Finanzvolumen im zweistelligen Milliardenbereich – sollten vor allem die Weltbank und gegebenenfalls auch die EU angesichts ihrer Finanzstärke eine entscheidende Rolle spielen.

---

101 WBGU (Wissenschaftlicher Beirat der Bundesregierung Globale Umweltveränderungen). 2011. Hauptgutachten Welt im Wandel: Gesellschaftsvertrag für eine Große Transformation. Berlin: German Advisory Council on Global Change. http://www.wbgu.de/fileadmin/templates/dateien/veroeffentlichungen/hauptgutachten/jg2011/wbgu_jg2011_ZfE.pdf. Zugegriffen: 19. April 2013. S. 315.
102 Ebd. S. 316.

Diese beschriebenen Maßnahmen der internationalen Gemeinschaft zur Unterstützung von nachhaltigen urbanen Transformationsprozessen in Entwicklungsländern sollten durch eine bessere Förderung von *Bottom-up*-Prozessen flankiert werden. Die Rolle der Städte im globalen Mehrebenensystem sollte insbesondere beim Thema Urbanisierung nicht unterschätzt werden. Die Akteure auf der lokalen Ebene sind mit den Gegebenheiten vor Ort vertraut und können die Umsetzungschancen und -hemmnisse einer nachhaltigen Urbanisierung am besten einschätzen. Zudem sind die kommunalen Verwaltungen durch ihre Kompetenzen in der Stadt- und Raumplanungen unverzichtbare Akteure des Wandels. Ungeachtet dieses großen Potentials sind insbesondere Städte in Entwicklungsländern angesichts geringer institutioneller Kapazitäten und einer Fülle weiterer, zumeist drängender und kurzfristiger Problemlagen nicht in der Lage, eine nachhaltige Stadtentwicklung zu initiieren und zu steuern.

Zur Überwindung dieser Herausforderungen haben sich kommunale Akteure in einer Reihe von weltweiten Netzwerken zusammengeschlossen, um sich die Vision einer nachhaltigen Urbanisierung gemeinsam voranzutreiben.[103] Diese Netzwerke, wie zum Beispiel der 2005 gegründete *World Mayors Council on Climate Change*, setzen sich auf internationalen Klimakonferenzen für ambitionierte Klimaschutzziele ein und entwickeln gemeinsame Klimainitiativen. Unterstützt von der *Clinton Climate Initiative* unterstützt die *C40 Cities – Climate Leadership Group* Städte finanziell bei Projekten, die zu einer Verminderung von Treibhausgasemissionen führen sollen. Eine ähnliche Ausrichtung hat das *Local Governments for Sustainability*-Netzwerk (ICLEI), dem weltweit mehr als 1200 Kommunalverwaltungen angehören und das somit mehr als eine halbe Milliarde Menschen repräsentiert. Diese drei Netzwerke trugen entscheidend dazu bei, dass 2007 im Rahmen Klimakonferenz in Bali das *World Mayors and Local Governments Climate Protection Agreement* verabschiedet wurde. Dieses Abkommen wurde mittlerweile von mehr als 100 Kommunen unterzeichnet, die sich dem Ziel einer Reduzierung der Treibhausgasemissionen um 60 bis 80 Pro-

---

103 WBGU (Wissenschaftlicher Beirat der Bundesregierung Globale Umweltveränderungen). 2011. Hauptgutachten Welt im Wandel: Gesellschaftsvertrag für eine Große Transformation. Berlin: German Advisory Council on Global Change. http://www.wbgu.de/fileadmin/templates/dateien/veroeffentlichungen/hauptgutachten/jg2011/wbgu_jg2011_ZfE.pdf. Zugegriffen: 19. April 2013. S. 269.

zent bis zum Jahr 2050 verpflichten. Diese Beispiele zeigen, welche transformative Dynamik von Städtebündnissen ausgehen kann.

In diesem Artikel wurde gezeigt, dass Urbanisierung einerseits ein entscheidender Treiber des globalen klimapolitischen Problems ist. Städte können aber gleichzeitig auch Teil der Lösung sein. Angesichts der großen räumlichen Dichte aber auch aufgrund der im Vergleich zu ländlichen Räumen besseren Verfügbarkeit von finanziellen und technologischen Ressourcen sind Städte in der Position entscheidend zu einem kosteneffizienten Klimaschutz beizutragen. Allerdings stehen gerade Entwicklungsländer vor großen Herausforderungen bei der Förderung des Übergangs zu einer nachhaltigen Urbanisierung. Daher sind einschneidende Reformen im globalen Mehrebenensystem notwendig, um die fortschreitende Urbanisierungsrevolution in nachhaltige Bahnen zu lenken. Gelingt der großflächige Umbau von Städten vor allem in Schwellen und Entwicklungsländern, bestehen gute Chancen die globale Klimakrise noch abzuwenden.

Kyoto 2.0 – Global verhandeln, lokal voranschreiten? Die Bekämpfung des Klimawandels im globalen Treibhaus

Nicolas Kreibich

1 Zusammenfassung

Vor dem Hintergrund des voranschreitenden Klimawandels beleuchtet der vorliegende Beitrag die vielfältigen Herausforderungen, die mit der Durchführung von Klimaschutzmaßnahmen verbunden sind. An konkreten Beispielen werden die verschiedenen Handlungsoptionen einzelner Akteure aufgezeigt und illustriert, wie bestehende Hürden überwunden werden können.

Hierfür wird der Blick zunächst auf die internationale Ebene gerichtet.[1] Vor dem Hintergrund des derzeitigen Stands der UN-Klimaverhandlungen wird gezeigt, wie die Europäische Union durch Modifizierung ihrer Verhandlungsstrategie zur Überwindung der derzeitigen Verhandlungsblockade beitragen kann und inwiefern die damit einhergehende europäische Vorreiterrolle auch im Eigeninteresse Europas steht. Wie lohnenswert es sein kann, den Blick von der nationalen Ebene zu lösen, wird durch die folgende Vorstellung einzelner Initiativen der US-Bundesstaaten deutlich. Mit ihren Maßnahmen zeigen diese Bundesstaaten, welche Handlungsmöglichkeiten trotz des Stillstands auf föderaler

---

1 Dieser Beitrag fasst wesentliche Ergebnisse und Diskussionen des Fachsymposiums "Kyoto 2.0" zusammen, das am 12. April 2011 im Odysseum in Köln vom Wuppertal Institut für Klima, Umwelt, Energie gemeinsam mit der SK Stiftung CSC-Cologne Science Center veranstaltet worden ist. Die einzelnen Teile stützen sich auf die Inhalte der Vorträge und der anschließenden Diskussionsrunden und wurden durch eigene Recherchen ergänzt. Mit Ausnahme des Kapitels zum Stand der internationalen Klimaverhandlungen, das im Mai 2013 vor dem Hintergrund der jüngeren Entwicklungen der internationalen Klimaverhandlungen aktualisiert wurde, stellt der Beitrag den Stand vom Frühjahr 2011 dar. Im Rahmen des Symposiums fanden zwei Workshops statt, in denen die dem Beitrag zugrunde liegenden Ideen diskutiert und weitergedacht wurden.

Ebene vorhanden sind und wie Klimaschutz auf nationaler Ebene zukünftig ausgestaltet werden könnte.

Der anschließende Blick auf die Wirtschaft zeigt, dass auch hier diverse Aktivitäten zum Schutz des Klimas vorangetrieben werden. Nicht nur Verbraucher sondern auch Anteilseigner großer Firmen fordern verstärkt Klimaschutzbemühungen von ihren Unternehmen. Dabei setzt sich zunehmend die Erkenntnis durch, dass eine abwartende Haltung im Klimaschutz enorme Risiken birgt und ein aktives Voranschreiten auch aus reinen wirtschaftlichen Erwägungen weitaus erfolgversprechender ist. Die einzelnen Unternehmen befinden sich dabei in äußerst unterschiedlichen Ausgangssituationen: Während einige Betriebe durch ihre CO_2-armen und energieeffizienten Produkte bereits jetzt zu den Gewinnern beim Klimaschutz zählen, sind andere gezwungen, ihre Wertschöpfungskette zu verlängern, ihre Produktpalette zu diversifizieren oder gar einen nicht zukunftsfähiges Tätigkeitsfeld zugunsten eines anderen zu verlassen. Die hier bestehenden Handlungsoptionen werden am Beispiel der Energieversorger verdeutlicht, deren Rolle sich in Zukunft besonders stark wandeln wird.

Bei der darauf folgenden Betrachtung der Städte im Klimaschutz werden vorhandene Klimaschutzpotentiale aufgezeigt und potentielle Hürden bei deren Erschließung erläutert. Anhand der Vorstellung von Pilotprojekten zeigt der Beitrag, wie Städte diese Hürden überwinden können und welche Bedeutung die Verbreitung von Erfahrungswerten für die flächendeckende Umsetzung von kommunalem Klimaschutz besitzt. Am Beispiel der städtischen Mobilität wird anschließend auf die Grenzen rein technischer Klimaschutzmaßnahmen eingegangen und gezeigt, welche Möglichkeiten konventionelle nicht-technische und semi-technische Ansätze bieten. Wie die zur Erschließung dieser Potentiale notwendigen Verhaltensänderungen erreicht werden können, zeigt der anschließende Blick auf gesellschaftliche Netzwerke und die Rolle der Medien. Diese können eine zentrale Rolle für das Erreichen einer *Low Carbon Society* spielen, indem sie Klimabewusstsein fördern und die Vorteile einer klimafreundlichen Lebensweise vermitteln. Dies macht deutlich: Eine stärkere Fokussierung der mit Klimaschutz einhergehenden positiven Effekten und der sich bietenden Chancen kann wesentlich dazu beitragen, die bestehenden Anstrengungen der einzelnen Akteure auf ein der Herausforderung des Klimawandels angemessenes Niveau zu heben.

2 Einleitung

Führende Wissenschaftler sind sich einig: Die Menschheit steuert auf eine Katastrophe ungeahnten Ausmaßes zu, sollte der seit der industriellen Revolution anhaltende Ausstoß von Treibhausgasen nicht massiv eingedämmt werden. Insbesondere durch die Verbrennung fossiler Energieträger, von Erdöl, Gas und Kohle, haben wir Jahr für Jahr mehr Kohlenstoffdioxid emittiert, als die Erde aufnehmen kann. Mit der Folge, dass all jene Gase, die nicht in Wäldern und Ozeanen gespeichert werden können, in der Atmosphäre verbleiben und ein Entweichen der von der Erde reflektierten Sonnenwärme verhindern. Die damit einhergehende Erderwärmung führt zu massiven Veränderungen des globalen Klimas und hat direkte Auswirkungen auf unsere Lebensweise. Bereits jetzt zeichnen sich die extremen Folgen der Erderwärmung ab, die umfangreiche Anpassungsmaßnahmen erforderlich machen. Eine Anpassung an die Welt, auf die wir derzeit zusteuern, ist angesichts der katastrophalen Auswirkungen eines möglichen Anstiegs der globalen Durchschnittstemperatur um über 4 Grad Celsius im Vergleich zu vorindustriellem Niveau jedoch nicht realistisch, da die mit einem solchen Temperaturanstieg einhergehenden Hitzewellen, Dürren und Fluten die Anpassungsfähigkeit von Individuen, Gesellschaften und Ländern überfordern würden.[2] Die Begrenzung der Erderwärmung durch die „Stabilisierung der Treibhausgaskonzentrationen in der Atmosphäre auf einem Niveau (...), auf dem eine gefährliche anthropogene Störung des Klimasystems verhindert wird"[3] bleibt somit zentrales Ziel der Klimapolitik.

In der Theorie lassen sich die notwendigen Schritte für die Umsetzung dieses Ziels unmittelbar aus den Ursachen des menschengemachten Klimawandels ableiten. Im Zentrum steht die auf fossilen Energieträgern basierende Energieversorgung, die bisher insbesondere in den Industriestaaten als Grundlage wirtschaftlichen Handelns diente und für Wirtschaftswachstum und wirtschaftlichen Wohlstand sorgte. Weiterhin sind die westlichen Produktions- und Konsummus-

---

[2] World Bank. 2012. Turn Down the Heat: Why a 4°C Warmer World Must be Avoided. http://climatechange.worldbank.org/sites/default/files/Turn_Down_the_heat_Why_a_4_degree_centrigr ade_warmer_world_must_be_avoided.pdf. Zugegriffen: 19. Dezember 2012.

[3] Art. 2 Rahmenübereinkommen der Vereinten Nationen über Klimaänderungen (UNFCCC) vom 9.05.1992.

ter sowie unsere generellen Lebensstile einschließlich unseres Mobilitätsverhaltens für den Anstieg der Treibhausgase in der Atmosphäre verantwortlich. Grundlegende strukturelle Veränderungen in all diesen Bereichen sind notwendig, um den Anstieg der globalen Durchschnittstemperatur so gering wie möglich zu halten. Dass dieses gigantische Umbauprojekt nicht an den Grenzen Europas Halt machen darf, wird alleine bei Betrachtung der steigenden Treibhausgasemissionen von Ländern wie China und Indien deutlich: So lagen bereits im Jahr 2009 Chinas CO2-Emissionen im Energieverbrauch über denen der USA, dem bisher größten Emittenten klimaschädlicher Gase.[4] Um den Entwicklungsländern die Realisierung ihrer Entwicklungschancen zu ermöglichen und zugleich den weiteren Anstieg ihrer Emissionen so gering wie möglich zu halten, ist ein frühzeitiges Umschwenken auf einen nachhaltigen Entwicklungspfad in diesen Ländern notwendig. Die Beteiligung von Schwellen- und Entwicklungsländern wird somit maßgeblich über Erfolg und Misserfolg bei der Bekämpfung des Klimawandels entscheiden.

Bei der Umsetzung der notwendigen strukturellen Veränderungen bestehen vielfältige Herausforderungen, die auf diversen Ebenen angesiedelt sind. Auf internationaler Ebene stellt sich die Frage, wie die Verhandlungen unter der Klimarahmenkonvention entschieden vorangetrieben werden können und mit welcher Strategie eine gerechte Einbindung der Industrie- und Entwicklungsländern gelingen kann. Angesichts der Blockadesituation der internationalen Klimaverhandlungen gewinnen andere Akteure außerhalb der Verhandlungen zunehmend an Bedeutung, wodurch sich neue Problemstellungen ergeben. So stellt sich hier insbesondere die Frage, auf welchem Weg *Stakeholder* in den bevorstehenden Umbau der Systeme eingebunden werden können und wie sich Widerstände bei Branchen und Akteuren überwinden lassen. Zugleich müssen Ansätze gefunden werden, mit denen die Bevölkerung im Sinne einer Mitmachkultur in diese Umbauprozesse integriert werden kann und die in der Lage sind, die gesellschaftliche Akzeptanz für die notwendigen Maßnahmen zu erhöhen.

In dem vorliegenden Beitrag sollen angesichts dieser Herausforderungen Akteure auf verschiedenen Ebenen einer näheren Betrachtung unterzogen werden: Hierfür wird der Blick zunächst auf die UN-Klimaverhandlungen gerichtet und

---

4 Vgl. Energy Information Administration. 2011. http://www.eia.gov/cfapps/ipdbproject/IEDIndex3.cfm?tid=90&pid=44&aid=8. Zugegriffen: 6. Oktober 2011.

die selbst zugeschriebene Vorreiterrolle der Europäischen Union einer Analyse unterzogen, bevor am Beispiel der US-Bundesstaaten Gestaltungsmöglichkeiten subnationaler Akteure aufgezeigt werden. Anschließend wird eine unternehmerische Perspektive eingenommen und die Handlungsoptionen in der Wirtschaft analysiert. Bei der darauf folgenden Betrachtung der Städte im Klimaschutz werden vorhandene Klimaschutzpotentiale und Möglichkeiten zu deren Erschließung aus Sicht kommunaler Akteure aufgezeigt bevor am Beispiel der städtischen Mobilität die Grenzen rein technischer Klimaschutzmaßnahmen aufgezeigt und alternative Ansätze vorgestellt werden. Abschließend wird die Rolle der Medien und die Bedeutung sozialer Netzwerke für die Umsetzung einer *Low Carbon Society* betrachtet.

3 Ein Schritt vor, zwei zur Seite: Der Stand der internationalen Klimaverhandlungen[5]

Der Klimawandel ist ein im ursprünglichsten Sinne transnationales und globales Problem. Zum einen, weil lokal emittierte Treibhausgase ihre Wirkung auf globaler Ebene entfalten und somit der räumliche Ursprung der Emissionen in Hinblick auf ihre Klimawirkung zweitrangig ist. Zum anderen, weil die schiere Dimension des Klimaproblems ein global koordiniertes Vorgehen erforderlich macht.

Erste Bemühungen, dem voranschreitenden Klimawandel auf internationaler Ebene zu begegnen, gehen auf die 1980er Jahre zurück. Mit der Verabschiedung des Rahmenübereinkommens der Vereinten Nationen über Klimaveränderungen (*United Nations Framework Convention on Climate Change* - UNFCCC) setzte sich die internationale Staatengemeinschaft 1992 das Ziel, eine gefährliche Störung des Klimas durch den Menschen zu verhindern. Auf der dritten Vertragsstaatenkonferenz im japanischen Kyoto gelang 1997 mit der Aushandlung des Kyoto-Protokolls ein erster konkreter Schritt zur Umsetzung der Ziele der Klimarahmenkonvention, indem sich die Industriestaaten auf verbindliche Treibhausgasreduktionen bis zum Jahr 2012 festlegten. 2005 begannen die

---

5   Dieses Kapitel stützt sich auf die Inhalte aus dem Einführungsvortrag von Prof. Manfred Fischedick, Wuppertal Institut.

Gespräche zur Vereinbarung neuer Kyoto-Reduktionsziele für die Zeit nach 2012, dem Jahr, in dem die erste Verpflichtungsperiode des Kyoto-Protokolls endete. Diese Diskussionen wurden bald auf die Frage der Einbeziehung jener Staaten ausgeweitet, die sich unter dem Kyoto-Protokoll zu keinen Reduktionszielen verpflichtet hatten, allen voran den USA. Die Debatte über die Rolle der USA und der großen Schwellenländer in einem zukünftig erweiterten Klimaregime dominierte den weiteren Verlauf der Klimaverhandlungen, die durch das Scheitern des Klimagipfels von Kopenhagen im Dezember 2009 nur zu einem unzureichenden Ergebnis führten.[6]

Insbesondere der Grad der Verbindlichkeit von CO2-Minderungszielen stellte sich dabei als zentraler Knackpunkte einer Einigung heraus. Zahlreiche Industriestaaten, darunter auch die EU, zögerten damit, rechtlich verbindliche Reduktionszusagen für eine zweite Verpflichtungsperiode des Kyoto-Protokolls zu machen und verwiesen darauf, dass sich die Vereinigten Staaten ebenfalls zu quantifizierten Minderungszielen mit verbindlichen Umsetzungsfristen verpflichten müsse. Die USA, die das Kyoto-Protokoll nicht ratifiziert haben, sperrten sich jedoch gegen jegliche völkerrechtliche Verbindlichkeit und forderten ihrerseits eine Parallelität der eigenen Reduktionsziele mit den Minderungsbemühungen der Schwellenländer; eine Forderung, die von diesen mit Verweis auf den Grundsatz der unterschiedlichen aber gemeinsamen Verantwortung von Industrie- und Entwicklungsländern zurückgewiesen wird. Zusätzlich erschwert wurde eine Einigung durch die Kontroverse über die rechtliche Form des neuen Abkommens, als zahlreiche Industriestaaten ankündigten, das Kyoto-Protokoll zugunsten eines einzelnen, globalen Abkommens fallen zu lassen. Dies wurde auf Seiten der Entwicklungsländer als Versuch gewertet, die Unterscheidung zwischen Industrie- und Entwicklungsländern zu untergraben. Diese und zahlreiche weitere Konfliktfelder und Interessensgegensätze führten zu einem Verhandlungsergebnis, das mit der rechtlich unverbindlichen Absichtserklärung in

---

6 Vgl. Kreibich, Nicolas. 2010. Die Rolle der EU bei den internationalen Klimaverhandlungen von Kopenhagen – die Europäische Union als climate leader? Unveröffentlichte Diplomarbeit Universität zu Köln Jean Monnet Lehrstuhl – Institut für politische Wissenschaft und europäische Fragen, Köln.

Form des *Copenhagen Accord* deutlich hinter den allgemeinen Erwartungen zurück blieb.[7]

Sowohl der Ausgang als auch der Verlauf der Verhandlungsrunde von Kopenhagen haben das Vertrauen zwischen den Verhandlungspartnern stark erschüttert und zahlreiche Beobachter sahen bereits den gesamten UN-Prozess im Scheitern begriffen. Auf dem darauffolgenden Klimagipfel im mexikanischen Cancún konnte das Vertrauen zwischen den Verhandlungspartnern jedoch wiederhergestellt werden und ein Scheitern des Prozesses wurde abgewendet. In diversen Detailfragen sind dabei zudem wichtige Erfolge erzielt worden und mit der völkerrechtlichen Verankerung des 2-Grad-Ziels konnte in Cancún ein bedeutender Meilenstein gelegt werden.

Ebenso wie in Kopenhagen sah allerdings auch das *Cancún Agreement* ein *Bottom-up*-Verfahren zur Festlegung der Reduktionsziele vor, bei dem die einzelnen Staaten ihre unverbindlichen Selbstverpflichtungen individuell definieren, um sie anschließend auf internationaler Ebene regelmäßig überprüfen zu lassen. Dieses von den USA bevorzugte Verfahren unterscheidet sich grundlegend von dem mit dem Kyoto-Protokoll etablierten Prinzip, bei dem die völkerrechtlichen verbindlichen Reduktionsziele von einem globalen Minderungsziel abgeleitet werden. Nach den Klimakonferenzen von Kopenhagen und Cancún drohte dieses weitaus schwächere *Bottom-up*-Prinzip zum neuen Paradigma des internationalen Klimaregimes zu avancieren. Vor diesem Hintergrund kann das Ergebnis des Klimagipfels von Durban Ende 2011 durchaus als Erfolg gewertet werden. So verständigten sich die Verhandlungspartner hier nicht nur auf eine zweite Verpflichtungsperiode des Kyoto-Protokolls, sondern vereinbarten auch die Aufnahme von Verhandlungen über ein globales völkerrechtlich verbindliches Klimaabkommen. Damit liegt die Möglichkeit zur Festlegung von völkerrechtlich verbindlichen Reduktionszielen zumindest weiterhin als Option auf dem Verhandlungstisch. Diese Verhandlungen sollen bis spätestens 2015 zu ihrem Abschluss kommen, um ein Inkrafttreten des Abkommens bis zum Jahre 2020 zu ermöglichen.[8]

---

7 Ebda.
8 Vgl. Sterk, Wolfgang, Arens, Christof, Kreibich, Nicolas, Mersmann, Florian, Wehnert, Timon. 2012. Sands Are Running Out for Climate Protection. The Doha Climate Conference Once Again Saves the UN Climate Process While Real Climate

Durban setzte somit den zeitlichen Rahmen und auch die Zielvorgabe für den weiteren Verhandlungsprozess. Auf der Klimakonferenz in Doha scheiterte jedoch bereits die Festlegung auf ein konkretes und ambitioniertes Arbeitsprogramms für die Aushandlung des Abkommens an bestehenden Kontroversen. Unter anderem bestand weiterhin Uneinigkeit darüber, ob die Unterscheidung zwischen verbindlichen Emissionsverpflichtungen für Industriestaaten und freiwilligen Maßnahmen auf Seiten der Entwicklungsländer aufrechterhalten werden soll. Neben diesen grundlegenden Differenzen bestehen weitere Konfliktpunkte auf verschiedenen Verhandlungsfeldern, die das Voranschreiten der Klimaverhandlungen insgesamt erschweren. Dabei stellt sich insbesondere die fortwährende Unklarheit bezüglich der von den Industriestaaten zugesagten Mittel zur Finanzierung von Klimaschutz- und Anpassungsmaßnahmen in Entwicklungsländern als Stolperstein der Verhandlungen heraus.[9]

Angesichts der teils schwachen Verhandlungsergebnisse und dem Fortbestehen zahlreicher Konfliktfelder stellt die Aushandlung eines globalen Klimaabkommens bis zum Jahr 2015 eine große Herausforderung dar, die durch Anstrengungen auf internationaler Ebene alleine kaum zu meistern sein wird. Aktivitäten auf nationaler Ebene könnten einen entscheidenden Beitrag zur Umsetzung dieses Ziels leisten.

4 Neue Dynamik durch Vorreiter?[10]

Die trüben Aussichten auf den Abschluss eines globalen Klimaabkommens machen das Voranschreiten einzelner Staaten zum Gebot der Stunde. Dies gilt in besonderer Weise für die Industriestaaten, die als Hauptverursacher des Klimawandels gemäß des allgemein anerkannten Verursacherprinzips (*Polluter Pays Principle*) die Hauptverantwortung für dessen Begrenzung tragen. Da sie

---

Action Is Shelved for Later. Wuppertal: Wuppertal Institute for Climate, Environment and Energy. http://wupperinst.org/uploads/tx_wupperinst/doha-report.pdf. Zugegriffen: 3. Juni 2013.
9   Ebda.
10 Dieses Kapitel stützt sich auf Inhalte aus den Vorträgen von Dr. Hendrik Biebeler, Institut der deutschen Wirtschaft Köln, und Prof. Peter Hennicke, Wuppertal Institut, sowie der anschließenden Diskussionsrunde.

darüber hinaus auch über die hierfür notwendigen finanziellen und technologischen Mittel verfügen, besteht ein ethischer Imperativ für ein Voranschreiten der Industriestaaten bei der Bekämpfung des Klimawandels, der im Kyoto-Protokoll durch den Grundsatz der „gemeinsamen aber unterschiedlichen Verantwortung" auch völkerrechtlich verankert ist.

Ein Akteur, der seit Jahren eine Führungsrolle in der internationalen Klimapolitik für sich beansprucht, ist die Europäische Union. Grundlage der europäischen Position ist nach wie vor das im Frühjahr 2007 verabschiedete Energie- und Klimapaket, in dem die EU eine unilaterale Senkung der eigenen Treibhausgase um 20 Prozent bis zum Jahr 2020 im Vergleich zum Niveau von 1990 zusagte. Zugleich wurde eine Anhebung des Reduktionsziels auf 30 Prozent in Aussicht gestellt, die an verschiedene Konditionen geknüpft war: Neben einem umfassenden, globalen Abkommen sollten sich andere Industriestaaten zu vergleichbaren Emissionsreduktionen verpflichten und auch die großen Schwellenländer sollten gemäß ihrer Verantwortlichkeiten und Fähigkeiten einen entsprechenden Beitrag leisten.[11]

Der Versuch, die eigenen Emissionen als Hebel zu verwenden, um Druck auf andere Staaten auszuüben und Bewegung in die Verhandlungen zu bringen war in der Vergangenheit allerdings von wenig Erfolg gekrönt. Am offensichtlichsten wurde das Scheitern dieser Strategie bei den Verhandlungen von Kopenhagen, wo das Interesse am europäischen Angebot laut Kommissionspräsident Barroso äußerst gering war: „*No one seemed to be interested in this offer.*"[12] Dies zeigt, dass konditionierte Angebote nicht in der Lage sind, die festgefahrenen Klimaverhandlungen in Gang zu bringen. Vielmehr sind sie Teil des globalen „Klimamikados", bei dem jener verliert, der sich als erster bewegt. Zur Überwindung dieses Prinzips und der damit verbundenen Blockade könnte die

---

11 Vgl. Europäischer Rat. 2007. Presidency Conclusions, Brussels European Council, 8./9.03.2007, Brussels – 7224/1/07 REV 1. http://register.consilium.europa.eu/pdf/en/07/st07/st07224- re01.en07.pdf. Zugegriffen: 26. März 2010.
12 Zit. nach Spencer, Thomas, Tangen, Christian, Korppoo, Anna. 2010. The EU and the global climate change regime – getting back in the game. Briefing Paper 55. Helsinki: The Finnish Insititute of International Affairs. http://www.upi-fiia.fi/assets/publications/UPI_Briefing_Paper_55_2010.pdf. Zugegriffen: 5. Juli 2010.

unilaterale Anhebung des europäischen Reduktionsziels auf 30 Prozent einen ersten bedeutenden Beitrag leisten.[13]

Die Argumente gegen eine europäische Führungsrolle verlieren demgegenüber zunehmend an Überzeugungskraft. So muss weder ein Profilverlust der EU noch eine Schwächung der europäischen Verhandlungsposition durch diesen Strategiewechsel befürchtet werden. Vielmehr ist das Gegenteil zu erwarten: Durch die unilaterale Anhebung ihres Reduktionsziels würde die EU an Glaubwürdigkeit gewinnen und demonstrieren, dass sie tatsächlich hinter der von ihr proklamierten Überzeugung vom Nutzen des Klimaschutzes steht. Weiterhin wäre eine Anhebung des Minderungsziels auf 30 Prozent eine deutliche Anerkennung der Zusagen der Schwellenländer, die mit den von ihnen angebotenen CO2-Minderungen bereits einen beachtlichen Schritt nach vorne gemacht haben. Nicht zu unterschätzen ist in diesem Zusammenhang die Vorbildfunktion, die der EU durch einen solchen Schritt zu Teil werden könnte: Indem sie die Vereinbarkeit von ambitioniertem Klimaschutz und Wirtschaftskraft und Wohlstand demonstriert, kann sie andere Akteure zum Nachahmen anregen.

Dass die mit Klimaschutz verbundenen Maßnahmen durchaus von volkswirtschaftlichem Nutzen sein können, wird am Beispiel der Erneuerbaren Energien besonders deutlich: So könnte eine europäische Vollversorgung mit Erneuerbaren Energien bis zum Jahr 2050 im Stromsektor nicht nur die Versorgungssicherheit erheblich erhöhen, sondern auch deutlich kostengünstiger sein als konventionelle Energiesysteme.[14] Werden die Kosten eines solchen 100%-Erneuerbare-Szenarios dem Bruttoinlandsprodukts gegenübergestellt, so zeigt sich, dass auch Deutschland unter diesem Szenario ab 2030 Nettonutzen erwarten kann. Hintergrund hierfür ist unter anderem der zu erwartende Preisanstieg fossiler Energiequellen, der den Einsatz von Erneuerbaren ab 2025 bis 2030 zur

---

13 Vgl. Kreibich, Nicolas. 2010. Die Rolle der EU bei den internationalen Klimaverhandlungen von Kopenhagen – die Europäische Union als climate leader? Unveröffentlichte Diplomarbeit Universität zu Köln Jean Monnet Lehrstuhl – Institut für politische Wissenschaft und europäische Fragen, Köln.

14 Vgl. Wissenschaftlicher Beirat der Bundesregierung Globale Umweltveränderungen. 2010. Klimapolitik nach Kopenhagen: Auf drei Ebenen zum Erfolg. Politikpapier Nr. 6. Berlin. http://www.wbgu.de/fileadmin/templates/dateien/veroeffentlichungen/politikpapiere/pp2010-pp6/wbgu_pp2010.pdf. Zugegriffen: 21. Oktober 2011.

günstigeren Alternative werden lässt.[15] Die Befürchtung, eine Anhebung des Minderungsziels werde mit unverhältnismäßig großen wirtschaftlichen Belastungen für Europa und insbesondere für Deutschland einhergehen, ist angesichts dieser Prognosen kaum mehr haltbar und wird durch weitere positive Nebeneffekte von Klimaschutzmaßnahmen in anderen Bereichen zusätzlich ins Wanken gebracht. So wirken sich Klimaschutzmaßnahmen beispielsweise positiv auf die Luftqualität aus, indem sie die Konzentration von Feinstaub, Stickoxiden und weiteren Schadstoffen verringern. Dies schont die Gesundheit der lokalen Bevölkerung und kann zu einer erheblichen Entlastung des Gesundheitswesens beitragen.[16] Diese und zahlreiche weitere positiven volkswirtschaftlichen Effekte machen deutlich, dass eine europäische Führungsrolle nicht nur den internationalen Klimaverhandlungen eine neue Dynamik verleihen kann; sie stehen vielmehr im Eigeninteresse Europas.

5 Ein Blick auf die subnationale Ebene: Die Initiativen auf Ebene der US-Bundesstaaten[17]

Während in Europa lebhaft über die Art und Weise der Durchführung von Klimaschutzmaßnahmen diskutiert wird, stehen in den USA verstärkt Grundsatzfragen im Zentrum der Debatte: Es geht somit nicht darum, wie Klimaschutz durchgeführt wird, sondern ob überhaupt Maßnahmen ergriffen werden sollen. Die mit dem Machtwechsel im Weißen Haus verbundene Hoffnung auf eine progressive Klimaschutzpolitik auf föderaler Ebene wurden bisher nicht erfüllt. Barack Obama scheiterte an der republikanischen Mehrheit im Repräsentantenhaus bei dem Versuch, eine nationale Obergrenze für den Ausstoß von Treibhausgasen festzulegen. Wenngleich Obama zusicherte, sich auch weiterhin

---

15 Vgl. World Wildlife Fund, Ecofys, Office for Metropolitan Architecture. 2011. The Energy Report: 100% Renewable Energy by 2050. http://assets.panda.org/down loads/101223_energy_report_final_print_2.pdf. Zugegriffen: 20. Oktober 2011.
16 Vgl. Nemet, Gregory F., Holloway, Tracey, Meier, Paul. 2010. Implications of incorporating air-qualitiy co-benefits into climate change policymaking. *Environmental Research Letters* 5 (1): 014007.
17 Dieses Kapitel stützt sich auf Inhalte aus dem Vortrag von Wolfgang Sterk, Wuppertal Institut.

an das 2009 unilateral definierte Reduktionsziel von 17 Prozent (bis 2020 im Vergleich zum Jahr 2005) halten zu wollen, ist die Durchsetzung dieses Ziels nicht gesichert, da die mit der Durchsetzung beauftragte nationale Umweltagentur (EPA) unter starkem Beschuss steht.

Angesichts der Schwierigkeiten bei der Festlegung und Umsetzung von Klimaschutzzielen auf föderaler Ebene ist das Engagement einiger US-Bundesstaaten besonders hervorzuheben, deren klimapolitische Initiativen in deutlichem Kontrast zur nationalen Politik stehen. Von besonderer politischer Bedeutung sind diese Initiativen auch vor dem Hintergrund, als es für das politische System der Vereinigten Staaten von Amerika nicht ungewöhnlich ist, dass Regulierungsmaßnahmen ihren Ursprung auf Bundstaatenebene haben und anschließend über die föderale Ebene im gesamten Land eingeführt werden. Dieser Lern- und Übertragungsprozess ist somit auch im Bereich Klimaschutz denkbar. Als Grundlage hierfür könnten die zahlreichen Initiativen dienen, die in diversen Bundesstaaten bereits umgesetzt werden, darunter Standards für erneuerbare Energien, Klimaaktionspläne, Energieeffizienzstandards für Gebäude sowie Effizienzprogramme für Energieunternehmen. Neben diesen Maßnahmen sind auch zwei Emissionshandelssysteme aktiv: die *Regional Greenhouse Gas Initiative* (RGGI) und die *Western Climate Initiative*.

Die 2009 eingeführte *Regional Greenhouse Gas Initiative* ist ein regionales Emissionshandelssystem, an dem zehn Ostküstenstaaten beteiligt sind. Es deckt alle Elektrizitätskraftwerke mit einer Leistung von mehr als 25 Megawatt ab, wobei die Zertifikate für diese Unternehmen fast vollständig versteigert werden konnten. Trotz dieses Erfolges ist das System insgesamt noch nicht gänzlich ausgreift: So ist das anvisierte Ziel einer THG-Stabilisierung im Zeitraum 2009 bis 2014 und einer anschließenden jährlichen Reduktion um 2,5 Prozent nicht sonderlich ambitioniert und auch die Kohlenstoffpreise sind mit zwei bis drei US-Dollar pro Tonne CO_2 derzeit noch sehr gering. Es ist allerdings eine Überprüfung des Systems vorgesehen, in dessen Zuge die Ziele verschärft werden könnten.

Die *Western Climate Initiative* erstreckt sich über sieben Staaten der Westküste und umfasst alle Emissionen außer die der Land- und Forstwirtschaft. Das Ziel einer THG-Reduktion um 15 Prozent bis 2020 im Vergleich zu 2005 soll in erster Linie durch die Einrichtung eines Emissionshandelssystems erreicht werden. Als Vorreiter und treibende Kraft hinter der Western Climate Initiative kommt dem Bundesstaat Kalifornien eine herausragende Rolle zu. Mit dem Global Warming Solutions Act wurde in Kalifornien bereits 2006 eine verbindliche Emissionsobergrenze etabliert, mit der die Emissionen bis zum Jahr 2020 auf das Niveau von 1990 rückgeführt werden sollen. Gegenüber den Emissionen, die unter Beibehaltung der derzeitigen Praxis im Jahr 2020 entstünden, bedeutet dies eine Minderung von 28 Prozent. Zahlreiche Maßnahmen wie die Einführung eines Emissionshandelssystems, die Etablierung von Effizienzstandards für Fahrzeuge und Elektrogeräte sowie der Ausbau der erneuerbaren Energien sollen zur Umsetzung des Ziels beitragen. Die besondere Stellung Kaliforniens lässt sich auch auf politischer Ebene erkennen. So machte der Gouverneur Jerry Brown den Klimaschutz zu einem seiner zentralen Wahlkampfthemen und auch die Senatorin Kaliforniens Barbara Boxer, die 2009 einen Entwurf für ein nationales Klimagesetz in den Senat einbrachte, wurde wiedergewählt. Im Unterschied zur föderalen Ebene wird Klimaschutz in Kalifornien parteiübergreifend unterstützt und auch von der Bevölkerung getragen: Ein Anti-Klimaschutz-Referendum scheiterte am Widerstand der Klimaschutzbefürworter.

Wie diese beiden größten Initiativen deutlich machen, bestehen große Unterschiede zwischen dem, was in Senat und Repräsentantenhaus diskutiert wird und dem, was sich in den US-Bundesstaaten bereits in der Umsetzung befindet. Während auf nationaler Ebene Stillstand herrscht, fungieren die Bundesstaaten als „Labore", deren Versuche zu einem späteren Zeitpunkt auf die föderale Ebene übersetzt werden könnte, so sie denn erfolgreich sind.

6 Unternehmen im Klimaschutz und die besondere Rolle der Energiewirtschaft[18]

Der bevorstehende Übergang in eine CO_2-arme, nachhaltige Wirtschaftsform stellt Unternehmen vor enorme Herausforderungen: Sie müssen ihre Ressourcen- und Energieeffizienz in der Produktion drastisch erhöhen und entspre-

---

18 Dieses Kapitel stützt sich auf Inhalte aus den Vorträgen von Marek Wallenfels, 2° – Deutsche Unternehmer für Klimaschutz, Dr. Matthias Dienhart, RheinEnergie AG, und Sylvia Borbonus, Wuppertal Institut.

chende Investitionen tätigen, um bereits bestehende und zukünftige Klimaschutzauflagen erfüllen zu können. Zugleich ergeben sich für Unternehmen jedoch auch neue Chancen indem Märkte für energieeffiziente Produkte und Dienstleistungen an Bedeutung gewinnen und die Nachfrage nach „grüner Technologie" weiter steigt. Unternehmen der unterschiedlichsten Branchen können eine Schlüsselrolle spielen und tun es bereits, indem sie die Lösungen für eine zukunftsfähige Wirtschaft liefern.

Neben dem Wunsch, aus unternehmerischer Verantwortung heraus einen Beitrag zum Klimaschutz zu leisten, sprechen somit auch aus rein wirtschaftlicher Perspektive zahlreiche Gründe für ein aktives und insbesondere frühzeitiges Engagement. Indem sie sich den neuen Rahmenbedingungen anpassen, können Unternehmen *First Mover*-Vorteile abgreifen und langfristig Kosten senken bzw. neue Gewinne erzielen. Zusätzlich zu der damit einhergehenden strategischen Positionierung ergeben sich durch gezieltes Marketing weitere Wettbewerbsvorteile: Klimafreundliche Produkte erfreuen sich zunehmender Beliebtheit und Unternehmen können mit einer guten CO2-Bilanz ihre Reputation deutlich erhöhen. Diese Chancen wurden bereits von zahlreichen Unternehmen erkannt. Sie nutzen diese Synergien, indem sie ihre Produktion an die neuen Rahmenbedingungen anpassen und ihre Produktpalette diversifizieren.

Besonders hervorzuheben ist in diesem Zusammenhang, dass der Druck auf Unternehmen, sich im Klimaschutz zu engagieren, nicht nur mehr alleine von den Verbrauchern ausgeht. Zunehmend verlangen Anteilseigner großer Aktienkonzerne von der Unternehmensführung genaue Informationen über die Risiken, denen Unternehmen durch ihre Treibhausgasemissionen ausgesetzt sein könnten. Wie groß ist der CO2-Fußabdruck eines Unternehmens und welche Maßnahmen werden ergriffen, um Emissionen zu verringern? Wie ist das Unternehmen auf die sich verändernden wirtschaftlichen Rahmenbedingungen vorbereitet und welche Strategien besitzt es angesichts des zu erwartenden Preisanstieg von CO2-Verschmutzungsrechten? Fragen wie diese werden zunehmend Teil von Investitionsentscheidungen. Eine Initiative, mit der dies weiter vorangetrieben werden soll, ist das *Carbon Disclosure Project* (CDP), welches im Jahr 2000 ins Leben gerufen wurde, um die CO2-Bilanz der weltweit größten Unternehmen offenzulegen. Die Daten werden von den Unternehmen auf

Grundlage freiwilliger Angaben erstellt und sind frei zugänglich.[19] Erste Untersuchungen deuten darauf hin, dass der Börsenwert von Unternehmen, die an solchen Projekten teilnehmen, steigt, wenn die Wahrscheinlichkeit von Klimaschutzregulierungen durch Erfolge der internationalen Verhandlungen größer wird.[20]

Doch Unternehmen versuchen nicht nur zukünftigen Regulierungsmaßnahmen vorzugreifen, indem sie ihre Emissionsquellen identifizieren und Schritte zur Einsparung von Treibhausgasen umsetzen. Einzelne Unternehmergruppen fordern auch eine ambitioniertere Klimaschutzpolitik von ihren Regierungen, wie die „Initiative 2° – Deutsche Unternehmer für Klimaschutz" zeigt. Mit der Initiative verfolgen die derzeit zehn Mitglieder deutscher Unternehmen, darunter die Otto Group, Deutsche Bahn AG und Deutsche Telekom AG, das Ziel, der Politik eine alternative Position aus unternehmerischer Sicht zu vermitteln und Umsetzungsmöglichkeiten für Klimaschutzmaßnahmen aufzuzeigen. Dahinter steht die Überzeugung, dass Klimaschutz nicht nur eine soziale und ökologische Notwendigkeit darstellt, sondern sich durch geeignete Strategien auch Chancen für deutsche Unternehmen ergeben, sich langfristig wettbewerbsfähig zu positionieren. Insbesondere der Energieeffizienz wird eine zentrale Rolle eingeräumt, um die Wettbewerbsfähigkeit deutscher Unternehmen aber auch des Standortes Deutschlands insgesamt weiter auszubauen. Kernforderungen an die europäische Politik beinhalten ein unkonditioniertes EU-Vermeidungsziel von 30 Prozent sowie die Stärkung des Emissionshandels und dessen Ausbau auf Sektoren, die von diesem bisher noch nicht erfasst sind.[21] Mit diesen Forderungen grenzen sich die an der Initiative beteiligten Unternehmen deutlich von anderen Firmen ihrer jeweiligen Branchen ab, was nicht nur im Sinne der Öffentlichkeitsarbeit hilfreich ist sondern auch der strategischen Ausrichtung und Positionierung dient.

---

19 Für weitere Informationen zu der Initiative siehe: Carbon Disclosure Project. https://www.cdproject.net/en-US/Pages/HomePage.aspx. Zugegriffen: 06.10.2011.
20 Vgl. Kim, Eun-Hee, Lyon, Thomas. 2011. When Does Institutional Investor Activism Increase Shareholder Value? The Carbon Disclosure Project. *The B.E. Journal of Economic Analysis and Policy* 11 (1): Article 50.
21 Vgl. 2° – Deutsche Unternehmer für Klimaschutz. 2011. Grundsatzpapier der 2°-Initiative. http://www.initiative2grad.de/images/pdfs/110530_positionspapier_initiative_2grad.pdf. Zugegriffen: 08. Oktober 2011.

Das aktive Voranschreiten im Sinne eines *Bottom-up*-Ansatzes kann als erfolgversprechende Strategie mit großen Potentialen erachtet werden, die durch die Ungewissheit über das Zustandekommen eines internationalen Klimaabkommens weiter an Bedeutung gewinnt. Die frühzeitige Positionierung im Klimaschutz stellt zudem eine Möglichkeit dar, dem Mangel an verlässlichen politischen Rahmenbedingungen für langfristige Investitionsentscheidungen entgegenzuwirken. Diese werden von Seiten der Politik oftmals nicht bereitgestellt, da sich ihre Ausrichtung durch Veränderungen im Wählerverhalten wandeln kann und aufgrund der diversen beteiligten Politikebenen (darunter auch die Europäische Union) schwer vorhersehbar sind. Indem Unternehmen aktiv auf verlässliche Rahmenbedingungen durch ambitionierten Klimaschutz hinwirken, können sie auch die eigene Planungssicherheit erhöhen.

Weitere Möglichkeiten für Unternehmenstätigkeit bestehen auf dem Feld der internationalen Technologiekooperation. Hintergrund hierfür ist, dass bisher große Teile der Bevölkerung in Entwicklungsländern von Energiedienstleistungen abgeschnitten sind, insbesondere in Afrika. Die Überwindung dieser sogenannten Energiearmut ist eine wesentliche Voraussetzung für das Erreichen der Millenium-Entwicklungsziele der Vereinten Nationen. Um zu verhindern, dass die Umsetzung dieser Ziele mit einem drastischen Anstieg an Treibhausgasemissionen einhergeht, müssen im großen Maßstab hocheffiziente Technologien verbreitet werden. Vor diesem Hintergrund wurde bei den Klimaverhandlungen von Kopenhagen ein Technologiemechanismus unter der Klimarahmenkonvention etabliert, der auch den Privatsektor einbeziehen soll. Während sich dieser Technologiemechanismus noch in seinen Anfängen befindet und zahlreiche Gestaltungsfragen weiterhin ungeklärt sind, schreitet die Privatwirtschaft mit eigenen Initiativen selbst voran. Ein Beispiel hierfür ist die *Desertec Industrial Initiative*. Die 2009 ins Leben gerufene Industrieinitiative setzt sich aus über 55 Unternehmen und Einrichtungen zusammen, die den Ausbau und die Nutzung solarthermischer Anlagen in den Wüsten Nordafrikas vorantreiben, um große Teile Europas mit erneuerbarer Energie zu versorgen.[22] Laut einer Greenpeace-Studie bietet der großflächige Ausbau solarthermischer Anlagen auf globaler Ebene deutschen Unternehmen enorme Chancen, wobei durch den

---

22 Vgl. Desertec Industrial Initiative, dii − Renewable energy bridging continents. http://www.dii-eumena.com/home.html. Zugegriffen: 01.Oktober 2011.

Bau der Anlagen auch in Deutschland zahlreiche Arbeitsplätze entstehen könnten.[23]

Angesichts dieser wirtschaftlichen Potentiale stellt sich die Frage, warum der Widerstand gegen ambitionierten Klimaschutz bei zahlreichen Unternehmen weiterhin derart stark ist. In diesem Zusammenhang ist die ungleiche Verteilung der Chancen und Risiken der mit ambitioniertem Klimaschutz verbundenen regulatorischen Maßnahmen von zentraler Bedeutung. Zu den Gewinnern der Energiewende gehören zweifelsohne die Anbieter von erneuerbaren Energien, da sie von klimapolitisch motivierten Förderprogrammen begünstigt werden. Auch die Bauwirtschaft, der Maschinenbau und die Elektrotechnik-Branche stehen laut einer Studie der Deutschen Bank durch regulatorische Klimaschutzmaßnahmen auf der Gewinnerseite. An dem anderen Ende des Spektrums, und damit zu den Verlierern gehörend, befinden sich die Anbieter von Energie aus fossilen Energieträgern, die Automobilindustrie sowie die Zement-, Papier- und Metallindustrie.[24]

Somit ist es nicht verwunderlich, dass insbesondere diese Branchen gegen eine ambitionierte Klimapolitik der EU Sturm laufen und das Bild einer drohenden „De-Industrialisierung Europas" bemühen. Hinter diesem Schreckensszenario steckt die Befürchtung, dass die Verschärfung von Klimaschutzauflagen emissionsintensive Unternehmen dazu verleiten könnte, ihre Produktion in Regionen mit einer weniger strengen Klimaschutzgesetzgebung zu verlagern. Hierdurch gingen nicht nur Arbeitsplätze in Europa verloren; auch die ökologische Integrität der Maßnahme könnte untergraben werden, indem durch die Abwanderung der Unternehmen die CO2-Emissionen lediglich ins Ausland verlagert würden, wo sie regulatorisch nicht erfasst werden. Zahlreiche Studien zeigen allerdings, dass diese als *„carbon leakage"* bezeichnete Gefahr weitaus

---

23 Vgl. Greenpeace. 2009. Sauberer Strom aus den Wüsten: Globaler Ausblick auf die Entwicklung solarthermischer Kraftwerke 2009. http://www.greenpeace.de/filead min/gpd/user_upload/themen/energie/Studie_Sauberer_Wuestenstrom.pdf. Zugegriffen: 22. Oktober 2011.
24 Vgl. Heymann, Eric. 2007. Klimawandel und Branchen: Manche mögen's heiß! In *DB Research*. Aktuelle Themen 388. Energie und Klimawandel 4. Juni 2007. http:// www.dbresearch.de/PROD/DBR_INTERNET_DE-PROD/PROD0000000000211107/K limawandel+und+Branchen%3A+Manche+m%C3%B6gen%27s+hei%C3%9F%21.pdf. Zugegriffen: 08. Oktober 2011.

geringer ist als gemeinhin angenommen und nur wenige klassische Subsektoren betrifft.[25] Um die Gefahr der Unternehmensabwanderung in diesen Branchen zu verringern, werden gemeinhin zwei Maßnahmen vorgeschlagen: So besteht zum einen die Möglichkeit, die betroffenen Branchen zu kompensieren, beispielsweise durch die freie Zuteilung von Emissionszertifikaten. Dies verringert allerdings die Wirkung der Klimaschutzmaßnahmen und erschwert die Umsetzung von Klimaschutzzielen. Eine zweite Variante zum Schutz gefährdeter Branchen sind Grenzzölle, die auf Importe von Staaten erhoben werden, in denen keine entsprechenden Klimaschutzregelungen gelten. Eine solche Maßnahme ist jedoch ebenfalls mit zahlreichen Gefahren verbunden. So könnte die Erhebung von Einfuhrzöllen emissionsintensiver Produkte zu Handelskriegen mit Schwellen- und Entwicklungsländern führen sowie zu protektionistischen Zwecken missbraucht werden.[26] Eine Verschlechterung der Beziehungen zwischen Industrie- und Entwicklungsländern könnte die Folge sein, mit negativen Auswirkungen auch auf den Verlauf der internationalen Klimaverhandlungen. Angesichts dieser Gefahren sollte der Einsatz solcher Maßnahmen mit großer Vorsicht erfolgen und falls überhaupt nur in jenen Branchen Anwendung finden, die für die Herstellung und das Funktionieren einer nachhaltig gestalteten Wirtschaft unerlässlich sind.

Nicht alle Wirtschaftszweige werden jedoch eine solche Funktion erfüllen können. Wie jeder Strukturwandel wird auch die Umstellung von der fossilen auf die post-fossile Wirtschaftsform nicht nur Gewinner hervorbringen. Während die Umstrukturierung für viele Unternehmen neue Marktchancen und Wachstumsmöglichkeiten schafft, ist für andere eine umfassende Umbau ihrer

---

25 Vgl. Sterk, Wolfgang, Arens, Christof, Borbonus, Sylvia, Eichhorst, Urda, Kiyar, Dagmar, Mersmann, Florian, Rudolph, Frederik, Wang-Helmreich, Hanna, Watanabe, Rie. 2010. Something was rotten in the State of Denmark – Cop-Out in Copenhagen. Wuppertal Insititut für Klima, Umwelt, Energie: Wuppertal. http://www.wupperinst.org/uploads/tx_wibeitrag/COP15-report.pdf. Zugegriffen: 20. Oktober 2011.

26 Vgl. Bordoff, Jason E. 2009. International Trade Law and the Economics of Climate Policy: Evaluating the Legitimacy and Effectiveness of Proposals to Adress Competitiveness and Leakage Concerns. In *Climate Change, Trade and Competitiveness: Is a Collission Inevitable?* hrsg. L. Brainard, I. Sorkin. Brookings Trade Forum 2008/2009. Washington: The Brookings Institute. S. 35-68.

Produktion unvermeidlich, wollen auch sie an einer zukünftig nachhaltig ausgerichteten Wirtschaftsform beteiligt sein. Dabei spricht einiges dafür, dass die Aufteilung in Gewinner und Verlierer nicht so festgelegt ist, wie es zunächst scheinen mag. Unternehmen stehen verschiedene Möglichkeiten zur Verfügung, um nicht mehr erfolgreiche Wirtschaftszweige zu verlassen und in andere Tätigkeitsfelder einzusteigen.[27] Diese Umstellung muss allerdings möglichst schnell durchgeführt werden, wenn die heutigen Verlierer zu den Gewinnern von morgen gehören möchten. Diesem Zeitdruck steht die Ausrichtung von Unternehmen auf kurzfristige Gewinne gegenüber. Eine geeignete Balance zwischen diesen beiden Faktoren ist essentiell, um zu verhindern, dass ein Unternehmen mit einer zukunftsträchtigen Idee scheitert, deren Zeit noch nicht gekommen ist.

Von besonderer Bedeutung ist die Aufteilung in Gewinner und Verlierer im Bereich der Energiewirtschaft. Angesichts der Pläne der Bundesregierung, bis zum Jahr 2050 eine Senkung des Stromverbrauchs um 25 Prozent und eine Minderung des Wärmeverbrauchs um 80 Prozent anzustreben, ist von einer dramatischen Veränderung der Rolle der Energieversorger auszugehen. Sie müssen sich nicht nur auf eine dezentrale Stromgewinnung aus erneuerbaren Energien einstellen, sondern darüber hinaus ihr Überleben in einem zukünftig schrumpfenden Markt sichern. Verschärft wird die Situation für die Unternehmen in diesem Bereich weiterhin durch die zu erwartende Zunahme der Stromanbieter bei stagnierender bis abnehmender Kundenzahl. Von der verschärften Konkurrenzsituation werden sowohl kleine als auch große Versorger stark betroffen sein. Sie spüren zum Teil bereits jetzt einen Rückgang der Nachfrage im Bereich der Wärmeenergie und den damit verbundenen Druck, neue Tätigkeitsfelder in die Unternehmensstrategie zu integrieren. Neben verstärkten Investitionen in die dezentrale Energieerzeugung aus erneuerbaren Energien stellt insbesondere die Energieeffizienz auf der Nachfrageseite ein aussichtsreiches Geschäftsfeld dar, mit dem diese Verluste zumindest teilweise kompensiert werden könnten. Vor dem Hintergrund der Tatsache, dass Energieeffizienzmaßnahmen zumeist dezentral durchgeführt werden, bestehen hier insbesondere

---

27 Vgl. Scheer, Hermann. 2010. *Der energethische Imperativ – 100% jetzt: Wie der vollständige Wechsel zu erneuerbaren Energien zu realisieren ist.* München: Kunstmann.

für Stadtwerke große Potentiale, sich auf dem entstehenden Effizienzmarkt zu etablieren, indem sie ihre Nähe zum Endkunden nutzen. Dabei sind die möglichen Maßnahmen sehr vielfältig und Effizienzmaßnahmen lassen sich sowohl im privaten und industriellen Sektor als auch in Gewerbe, Handel und Dienstleistung durchführen. Gemeinsam mit Dienstleistern, Handwerk und Handel könnten Stadtwerke bisher ineffiziente Systeme auf den aktuellen Effizienzstandard heben, indem sie die Vermarktung von Energieeffizienzprogrammen entwickeln, spezifische Beratungsangebote durchführen sowie die Umsetzung der Maßnahmen begleiten und fördern. Mögliche Maßnahmen reichen von der zur Steigerung der Gebäudeeffizienz über die Anreizsetzung zum Kauf energieeffizienter Haushaltsgeräte in Privathaushalten bis hin zu Programmen zur Einführung effizienter Beleuchtung im Gewerbe.[28]

7 Die Stadt als Verursacher des Klimawandels und Ort seiner Bekämpfung[29]

Die größten Verursacher des Klimawandels sind in Städten und Metropolen zu finden. Städtische Räume machen zwar nur ein Prozent der Erdoberfläche aus, in ihnen wohnen jedoch 50 Prozent der Weltbevölkerung, die rund 60 bis 80 Prozent der Treibhausgase verursachen.[30] Der Großteil dieser Emissionen wird durch Energieverbrauch für Beleuchtung, Wärme sowie die Nutzung von Geräten verursacht, während der Verkehr eine weitere zentrale Emissionsquelle in Städten darstellt. Die Stadt ist jedoch nicht nur Verursacher von Klimawandel.

---

28 Vgl. Juri, Horst, Schulz, Wolfgang, Thomas, Stefan. 2011. Erschließung von Minderungspotenzialen spezifischer Akteure, Instrumente und Technologien zur Erreichung der Klimaschutzziele im Rahmen der Nationalen Klimaschutzinitiative (EMSAITEK) – Endbericht zu PART 1: Untersuchung eines spezifischen Akteurs im Rahmen der NKI: Klimaschutz durch Maßnahmen von Stadtwerken unter Berücksichtigung betriebswirtschaftlicher Erfordernisse. Saarbrücken, Bremen, Wuppertal.

29 Dieses Kapitel stützt sich auf Inhalte aus den Vorträgen von Prof. Alexander Schmidt, Universität Duisburg Essen, Bernd Tischler, Oberbürgermeister der Stadt Bottrop, und Dr. Werner Görtz, Landeshauptstadt Düsseldorf, sowie der anschließenden Diskussionsrunde.

30 Vgl. OECD. 2010. Cities and Climate Change. OECD Publishing. S. 17.

Es werden auch insbesondere Städte mit ihrer Infrastruktur sein, die unter den bereits jetzt unvermeidbaren katastrophalen Folgen des Klimawandels leiden werden. Städte und Kommunen stehen dadurch „am Anfang und am Ende der Wirkungskette."[31]

Beim Klimaschutz spielt die Stadt somit eine Schlüsselrolle, zu deren Ausübung ihr diverse Mittel zur Verfügung stehen. Nach Bulkeley und Kern können vier Steuerungsmöglichkeiten identifiziert werden, mit denen die Stadt Klimaschutzpolitikmaßnahmen entwerfen und implementieren kann. So ist die Stadt durch ihre Infrastruktur zunächst selbst ein großer Energieverbraucher (1). Durch die Verwaltung ihrer Infrastruktur hat sie die Möglichkeit, unmittelbar Klimaschutzmaßnahmen durchzuführen, indem sie beispielsweise die Energieeffizienz in städtischen Gebäuden fördert, den eigenen Fuhrpark energieeffizienter gestaltet oder die Flächen in städtischem Eigentum begrünt. Hier ist die Vorbildwirkung der Stadt gegenüber ihren Bürgern besonders stark. Weiterhin kann die Stadt in ihrer Rolle als Versorger (2) und Anbieter von Dienstleistungen Einfluss auf die Versorgungsstruktur und auf die Infrastruktur ihrer Dienstleistungen ausüben. Dies betrifft sowohl die Wasser- und Stromversorgung durch die Stadtwerke, als auch die Abfallwirtschaft und den öffentlichen Personennahverkehr (ÖPNV), sofern sich diese Dienstleistungsangebote in öffentlicher Hand befinden. Einen gewissen Zugriff haben Städte auch durch ihre Rolle als Planer und Regulierer (3) beispielsweise durch Gebäuderichtlinien oder im Bereich der Verkehrsplanung. Eine zentrale Rolle im Klimaschutz spielen Städte als Förderer (4) von Klimaschutzmaßnahmen indem sie andere Akteure zum Handeln befähigen. Dies kann durch die Koordination zwischen kommunalen und privaten Akteuren geschehen indem beispielsweise *Public-Private-Partnerships* geschlossen werden, mit denen Dienstleistungen angeboten werden. Auch durch die Unterstützung von Aktivitäten zivilgesellschaftlicher Organisationen und Privatpersonen, die CO2-Einsparungen zum Ziel haben, kann die Stadt als Förderer auftreten.[32]

---

31 Wagner, Oliver. 2009. Kommunaler Klimaschutz. Bundeszentrale für Politische Bildung. http://www.bpb.de/themen/EQLGQF,0,0,Kommunaler_Klimaschutz.html. Zugegriffen: 11. November 2011.
32 Vgl. Bulkeley, Harriet, Kern, Kristine. 2006. Local Government and the Governing of Climate Change in Germany and the UK. *Urban Studies*, 43 (12): 2237-2259.

Durch diese vielfältigen Rollen ist die Stadt in der Lage, Klimaschutzmaßnahmen in diversen Sektoren zu implementieren. Da die Stadtstruktur das Verhalten der Bewohner maßgeblich beeinflusst und sie sich somit auch auf den Energieverbrauch und die damit verbundenen Emissionen auswirkt, besteht insbesondere im Bereich Mobilität ein enormes Potential für die Durchführung von Klimaschutzmaßnahmen. Gleiches gilt für den Bereich Wohnen: Durch Regulierungsmaßnahmen haben Städte zahlreiche Möglichkeiten, das Verhalten der Bewohner zu beeinflussen um den Gesamtenergieverbrauch zu reduzieren. Dabei müssen die Maßnahmen nicht auf einen Sektor beschränkt bleiben; durch integrierte Ansätze können Synergien genutzt und ungewollte negative Auswirkung von Maßnahmen in einem Sektor auf einen anderen vermieden werden. Besonders große Synergien bestehen zwischen den Bereichen Raumplanung (Bebauungsplanung) und dem Bereich Verkehr. So kann beispielsweise durch eine stärkere Durchmischung von privater und gewerblicher Nutzung nicht nur der Flächenverbrauch reduziert, sondern zugleich auch die Transportwege der Bewohner verkürzt werden.[33]

Durch die Kenntnis der spezifischen geografischen, ökonomischen und kulturellen Eigenschaften der Stadt sind lokale Entscheidungsträger besonders gut für die Identifizierung von Potentialen und die Durchführung entsprechender Klimaschutzprogramme geeignet. Bei der Erschließung dieser Potentiale steht die Stadtverwaltung allerdings großen Hürden gegenüber. Die größte Herausforderung stellt dabei die Stadt selbst dar, ihr jetziger Bestand. Denn die Stadt des 21. Jahrhunderts wurde bereits gebaut, mit all ihren Nachteilen. Bei ihrer Planung wurde das Leitbild der Funktionstrennung herangezogen, das die Optimierung der Einzelfunktionen der Stadt (Wohngebiete, Industriegebiete, Bürogebiete, etc.) und ihre Anbindung an das Verkehrsnetz zum Ziel hat. Der Umbau der hieraus hervorgegangene „autogerechte Stadt" gemäß den neuen Zielen (Einsparung von CO2-Emissionen, Energieeffizienz, etc.) hin zu einer klimaverträglichen Stadt stellt eine enorme Herausforderung dar, wobei insbesondere das große Beharrungsvermögen und die Trägheit der Stadt die Umsetzung des Vorhabens erschweren.

Neben dieser grundsätzlichen Herausforderung in der Städteplanung ist die Stadtverwaltung bei der konkreten Umsetzung von Klimaschutzmaßnahmen mit

---

33   Vgl. OECD. 2010. *Cities and Climate Change.* OECD Publishing.

weiteren spezifischen Hürden konfrontiert. Ein Problem ist der begrenzte Zugriff der Stadt. So werden beispielsweise 51 Prozent des Energieverbrauchs im Gewerbe verursacht, ein Verbrauch der von der Stadt jedoch schwer zu regeln ist. Einen etwas größeren, wenngleich weiterhin begrenzten Durchgriff besitzt die Stadt im Bereich Verkehr (20 % des Endenergieverbrauchs) sowie bei den Privathaushalten, in denen 25 Prozent der Endenergie verbraucht wird. Dies schränkt den Gestaltungsspielraum der Stadtverwaltung erheblich ein. Die hohe Verschuldung von Städten und Kommunen stellt ein weiteres zentrales Hindernis dar. Während durch einfache Maßnahmen bereits erhebliche Mengen an CO_2 zum Nulltarif eingespart werden können, müssen für umfassendere Maßnahmen wie der energetischen Sanierung städtischer Gebäude (Kindergärten, Schulen, Bibliotheken, etc.) enorme Investitionen getätigt werden. Hierfür fehlen der Stadt häufig diese Mittel. Hinzu kommen Schwierigkeiten durch unterschiedliche Zuständigkeiten in der Stadtverwaltung, indem die bestehende Verwaltungsstrukturen die Umsetzung moderner Ansätze erschweren und beispielsweise ressortübergreifendes Handeln nicht möglich ist. Die mangelnde Kenntnis der großen Emissionsquellen der Stadt sowie fehlende Informationen über den spezifischen Verbrauch sind weitere Hürden, die bei der Umsetzung von Klimaschutzmaßnahmen überwunden werden müssen.

8 InnovationCity Ruhr[34]

Pilotprojekte können einen entscheidenden Beitrag zur Überwindung dieser Hürden leisten und andere Akteure zum Nachahmen anregen. Besondere Erwähnung verdient in diesem Zusammenhang das Leuchtturmprojekt „InnovationCity Ruhr", mit dem Klimaschutzpotentiale aufgezeigt werden sollen, die durch die Modernisierung des Bestands erschlossen werden können. Mit diesem Ansatz ist das Projekt weltweit einmalig und grenzt sich deutlich von anderen Konzepten ab, die den Neubau ökologischer Städte anstreben, wie er zum Beispiel in dem Projekt „Masdar City" in Abu Dhabi realisiert wird.

---

34 Für weitere Informationen siehe: Innovation City Ruhr – Modellstadt Bottrop. 2013. http://www.icruhr.de/index.php?id=3. Zugegriffen: 11. Juni 2013.

Ins Leben gerufen wurde das Projekt von dem Initiativkreis Ruhr, einem Zusammenschluss von über 60 führenden Wirtschaftsunternehmen. Der Initiativkreis führte den Wettbewerb um den Austragungsort der Innovation City durch, in dessen Rahmen die Stadt Bottrop als Gewinnerin unter den 16 Mitbewerbern ausgewählt wurde. Zahlreiche Faktoren haben zu dieser Entscheidung geführt, wobei insbesondere die Einbindung der Bevölkerung und der lokalen Wirtschaft eine bedeutende Rolle spielte. So konnte durch aktives Bewerben das gesamte Bevölkerungsspektrum in das Projekt eingebunden werden und auch die Beteiligung der Wirtschaft wurde durch die Unterzeichnung von über 50 Vereinbarungen mit lokalen Unternehmen sichergestellt. Auf dieser Grundlage soll ein ganzes Bündel an Maßnahmen durchgeführt werden, um das Ziel einer Halbierung der CO_2-Emissionen bis zum Jahr 2020 zu erreichen. Die Maßnahmen umfassen die Steigerung der Energieeffizienz, den Ausbau dezentraler Energieerzeugung sowie die Durchführung klimafreundlicher Maßnahmen im Bereich Mobilität. Um eine zügige Umsetzung zu gewährleisten, konnte die Verwaltung durch die Gründung von Arbeitseinheiten gezielt auf die mit der Projektdurchführung verbundenen Aufgaben vorbereitet werden. Schnelle politische Entscheidungen wurden durch die Einrichtung einer Lenkungsgruppe ermöglicht, die durch die Teilnahme des Oberbürgermeisters der Stadt politisch legitimiert ist.

Derzeit beinhaltet das Projekt drei wichtige erste Schritte: Der erste Schritt stellt die Bereitstellung von Informationen und die Beratung von Haus- und Wohnungseigentümern dar. Dabei soll zunächst der Verbrauch der Gebäude gemessen und der Eigentümer über mögliche Sanierungsoptionen informiert werden. Anschließend werden Finanzierungsmöglichkeiten vorgestellt, wobei bestehende Fördermöglichkeiten zukünftig von weiteren Anreizprogrammen ergänzt werden sollen, die von der Industrie getragen werden könnten. Ein zweiter wichtiger Schritt ist die Durchführung von Pilotprojekten, mit denen die bereits unterzeichneten Verträge mit der Industrie umgesetzt werden. Beispiele für diese Pilotprojekte ist die Errichtung von Windrädern oder auch die Modernisierung von Musterhäusern. Ein dritter Schritt besteht in der Entwicklung eines übergeordneten Koordinierungsplans, mit dem die Umsetzung der langfristigen Ziele sichergestellt werden soll. Als einstiges Zentrum der Steinkohleförderung steht das Ruhrgebiet exemplarisch für die Abhängigkeit von fossilen

Energiequellen und eine CO2-intensive Wirtschaftsweise, die es zu überwinden gilt. Die Stadt Bottrop, in der die Steinkohleförderung im Jahr 2018 ausläuft, kann hier als Blaupause für andere Städte fungieren und zeigen, wie der Strukturwandel zu meistern ist.

9 „Die Schöpfung bewahren - 30 Initiativen für den Klimaschutz in Düsseldorf"[35]

Doch nicht nur groß angelegte Pilotprojekte wie Innovation City Ruhr zeigen die Potentiale von Städten im Klimaschutz auf. Auch Initiativen wie das Klimaschutzprogramm „Die Schöpfung bewahren - 30 Initiativen für den Klimaschutz in Düsseldorf" demonstrieren, welche CO2-Einsparmöglichkeiten eine Stadt besitzt. Das 2008 initiierte Klimaschutzprogramm ist insbesondere auf städtische Einrichtungen und Privathaushalten ausgerichtet und umfasst unterschiedlichste Maßnahmen in diversen Sektoren.

Im Bereich städtischer Neubauten konnte die Stadt durch einen Leitlinienbeschluss für energieeffizientes Bauen sicherstellen, dass der gesetzlich vorgeschriebene Standard um 30 Prozent unterschritten wird. Die Umsetzung dieser Leitlinien wird durch Leuchtturmprojekte wie der Gestaltung einer Schule als Passivhaus demonstriert, bei der die Schüler und Lehrer von Beginn an in die Planung eingebunden werden und den richtigen Umgang mit der neuen Technologie erlernen. Weitere Projekte sind die Vermietung städtischer Dachflächen für Photovoltaikanlagen sowie die Anlageninstallation auf Schuldächern. Ebenfalls zur Förderung der erneuerbaren Energien wurde die Einrichtung eines Fonds beschlossen, in den für jede verbrauchte Kilowattstunde der Stadt ein Cent fließt. Der Fonds soll zur direkten Förderung der Kraft-Wärme-Kopplung genutzt werden, um veraltete Heizkessel in städtischen Einrichtungen schrittweise zu ersetzen. Ein an Privathaushalte adressiertes Projekt ist das Förderprogramm „Klimafreundliches Wohnen in Düsseldorf", das vorhandene Förder-

---

35 Für einen Überblick über die Initiativen siehe: Landeshauptstadt Düsseldorf. 2009. Klimabericht 2009 - Die Schöpfung bewahren – Initiativen für den Klimaschutz in Düsseldorf. http://www.duesseldorf.de/umweltamt/download/klimaschutz/klimabericht2009.pdf. Zugegriffen: 03. Juni 2013.

lücken im Bereich der CO2-Gebäudesanierung zu schließen versucht und auch schrittweise Sanierungen berücksichtigt. Einkommensschwache Haushalte werden in einem spezifischen Programm angesprochen, in dessen Rahmen sie eine kostenlose Energiesparberatung sowie eine Abwrackprämie für ineffiziente Kühlschränke erhalten. Auch der Mobilitätssektor wird adressiert, indem die Stadt hier Anreizprogramme durchführt, die den Umstieg auf Pedelecs und Mietfahrräder sowie die stärkere Nutzung von Carsharing zum Ziel haben. Die positiven Nebeneffekte von Klimaschutzmaßnahmen werden im Bereich der Abfallwirtschaft besonders deutlich. Hier konnten die Abfallgebühren durch Papierrecycling stabilisiert werden. In der Vergangenheit gelang es der Stadt Düsseldorf ihre Treibhausgasemissionen von 8 auf 5,6 Millionen Tonnen CO2 zu reduzieren. Hierfür war allerdings neben der Umstellung von Kohle auf Gas insbesondere die Schließung von zwei Großunternehmen maßgeblich verantwortlich. Weitere Reduktionen sollen mit den vorgestellten Initiativen erzielt werden, so dass die Stadt ihr langfristiges Ziel der Klimaneutralität bis zum Jahr 2050 umsetzen kann.[36]

Sowohl groß angelegte Leuchtturmprojekte als auch die eigenständige Durchführung von Maßnahmen sind für die weitere Ausgestaltung der Rolle von Städten im Klimaschutz von zentraler Bedeutung. Wesentlich für die Bekämpfung des Klimawandels ist dabei jedoch die Übertragbarkeit und Skalierbarkeit der Maßnahmen auf andere Städte. Da die Unterschiede zwischen Städten häufig einer Übertragung von Maßnahmen im Wege stehen, ist die Zusammentragung der Erfolgsfaktoren und der aufgetretenen Umsetzungsschwierigkeiten besonders wichtig. Nur so kann entschieden werden, ob Projekte in anderen Städten replizierbar sind und eine flächendeckende Umsetzung möglich ist. Die Übertragung von Klimaschutzmaßnahmen von einer Stadt auf eine andere stellt insbesondere im internationalen Kontext eine große Herausforderung dar, da hier die Ausgangsbedingungen äußerst unterschiedlich sein können. Dies gilt insbesondere zwischen Städten in Industrienationen und jenen in Entwicklungs- und Schwellenländern. Während in Industrienationen der Umgang mit dem Bestand im Mittelpunkt steht, müssen Entwicklungsländer die Frage beantworten, welches Stadtmodell sie umzusetzen gedenken. Die Etablierung geeigneter Leitbilder kann der Replikation des nicht-nachhaltigen Entwicklungsmodells

---

36 Ebda.

vorbeugen. Anstatt eine auf den Verbrauch von fossilen Brennstoffen beruhende Entwicklung zu verfolgen können die in der Entstehung begriffenen Städte in Entwicklungsländern den nachhaltigen Pfad einschlagen. Das seit den 80er Jahren bestehende Leitbild „Die Stadt der kurzen Wege" könnte hier als Grundlage dienen und durch Elemente wie Energieeffizienz und E-Mobilität erweitert werden. Insbesondere im Hinblick auf E-Mobilität sollte allerdings die Gefahr einer Wiederholung der Muster des fossilen Energieverbrauchs beachtet werden. Dies macht exemplarisch deutlich, dass die Technik von nur begrenzter Wirksamkeit sein kann.

10 Auf dem Weg zu einer *Low Carbon Society*: Die Rolle von *Change Agents* und verantwortungsvollen Medien[37]

Mit der Frage nach den Grenzen technischer Klimaschutzmaßnahmen wird implizit auch die Frage nach dem Lebensstil gestellt: Ist eine Umstellung des eigenen Verhaltens notwendig, um den Klimaschutz aufzuhalten oder ist eine Fortführung der bisherigen Gewohnheiten unter Anwendung neuer Technologien ausreichend? Um dieser Frage nachzugehen wird nachfolgend ein Vergleich der Klimaschutzpotentiale von technischen und nicht-technischen Klimaschutzmaßnahmen am Beispiel der Mobilität betrachtet.

Der Transportsektor ist mit einem Anteil von 14,3 Prozent der globalen Treibhausgase einer der großen Verursacher des Klimawandels, wobei ein Viertel aller transportbezogenen Emissionen durch innerstädtischen Verkehr verursacht werden. Hier besteht somit ein enormer Handlungsbedarf. Die Dringlichkeit des Handelns wird durch den gegenwärtigen Trend in der EU weiter verstärkt: Während die EU ihre Emissionen in der Gesamtheit reduzieren konnte, stiegen die straßenverkehrsbedingten CO_2-Emissionen von 1990 bis 2004 um 26 Prozent. Um diesen Trend zu korrigieren, richtet die Bundesregierung ihren Fokus vor allem auf die Elektromobilität. Dabei gibt sie enorme Geldsummen

---

[37] Dieses Kapitel stützt sich auf Inhalte aus den Vorträgen von Prof. Gerhard Scherhorn, Wuppertal Institut, Dr. Bernd Sommer und Miriam Schad, Kulturwissenschaftliches Institut Essen, und Wilfried Solbach, Deutsche Welle – Global Media Forum, sowie der anschließenden Diskussionsrunde.

(700 Mio. Euro bis 2013) aus, um die Zahl an Elektroautos von derzeit 1600 bis zum Jahr 2020 auf 1 Millionen (6 Mio. bis 2030) anzuheben. Angesichts der großen Anzahl an herkömmlichen Fahrzeugen (derzeit ca. 40 Millionen) können alleine durch solche Maßnahmen die erforderlichen CO_2-Reduktionen jedoch nicht erreicht werden – folglich muss der Individualverkehr reduziert beziehungsweise verlagert werden.

Maßnahmen, um dies zu erreichen, sind bereits bekannt: Insbesondere die Stärkung des öffentlichen Personennahverkehrs durch Preissenkung, Erhöhung der Taktung sowie die Bereitstellung einer geeigneten Infrastruktur ist äußerst erfolgversprechend. Das Beispiel der belgischen Stadt Hasselt macht deutlich, welche Potentiale ein gebührenfreier Personennahverkehr besitzt. Seit Einführung des sogenannten *„zero fare public transport"* im Jahr 1996 sind die Fahrgastzahlen von 360.000 auf 4,5 Millionen im Jahr 2006 gestiegen. Dabei sind die Kosten der Maßnahme mit 18 Euro pro Jahr und Steuerzahler vergleichsweise gering. Seit Einführung wurden zudem zahlreiche positive Nebeneffekte dokumentiert, während die vom lokalen Einzelhandel befürchteten Einbußen im Verkauf nicht eintraten. Weitere nicht-technische und semi-technische Lösungen bestehen im Ausbau integrierter Mobilitätskonzepte, wie dem Bike- und Carsharing sowie in der Vermeidung und Reduzierung des Verkehrs durch Heimarbeit, Verkürzung der Distanzen zwischen Wohn- und Arbeitsort sowie dem Verzicht auf das Automobil für Kurzstrecken. Insbesondere durch die Verlagerung von Autofahrten auf den Rad- und Fußverkehr birgt großes Potential für die Einsparung von Emissionen.

Wie durch dieses Beispiel deutlich wird, können durch eine Umstellung des eigenen Mobilitätsverhaltens große Mengen an Treibhausgasen mit relativ geringen Kosten eingespart werden. Um dieses Potential tatsächlich ausschöpfen zu können, ist die Beteiligung der Bevölkerung essentiell, wodurch den gesellschaftlichen Akteuren und Strukturen, die eine solche Beteiligung vorantreiben können, eine zentrale Bedeutung zukommt. Ein Projekt des Kulturwissenschaftlichen Instituts Essen versucht diese sogenannten *„change agents"* und Netzwerke zu identifizieren. Das Besondere dabei: Es wird versucht, Personen und Gruppen einzubinden, die bisher nicht unmittelbar am Klimaschutz beteiligt sind (Sportvereine, Schulklassen, Vereinigungen von Migrantinnen und Migranten). Ziel des Projektes ist es, die an lokalen Veränderungsprozessen beteiligten

Netzwerke sowie deren zentrale Akteure zu identifizieren, um anschließend die Frage zu beantworten, welche dieser Netzwerke und Personen für Nachhaltigkeits- und Klimaschutzbelange sensibilisiert werden können. Dabei wird nach Möglichkeiten gesucht, wie Akteure als *Change Agents* für eine nachhaltige Stadtentwicklung gewonnen werden können. Die Ergebnisse von Projekten wie diesem können eine bedeutende Grundlage für das Erreichen einer „Mitmachkultur" darstellen, in der Klimaschutz von der gesamten Bevölkerung umgesetzt wird.[38]

Bedeutend in diesem Zusammenhang ist die Rolle der Medien, die neben der reinen Informationsvermittlung auch wesentlich zur Meinungsbildung beitragen. Diese Funktion verschafft ihnen ein enormes Handlungspotential: Indem sie auf die Gefahren des Klimawandels aufmerksam machen und konkrete Handlungsmöglichkeiten aufzeigen, können Print- und digitale Medien einen entscheidenden Beitrag zur Bekämpfung des Klimawandels leisten. Angesichts dieser bedeutenden Handlungsmöglichkeiten der Medien stellt sich die Frage, warum ihre Rolle bei der Warnung vor Katastrophen wie dem Klimakollaps nicht entsprechend ausgestaltet ist und das Thema Klimawandel in der Berichterstattung eine häufig nachrangige Bedeutung spielt. Eine mögliche Erklärung hierfür könnte die Schwierigkeit der medialen Vermittlung des Themas Klimawandel sein. In einer von Unterhaltung und Infotainment geprägten Gesellschaft ist die Vermittlung wissenschaftlicher Details, die Warnung vor katastrophalen Ereignissen und die Konfrontation mit der Eigenverantwortung eines jeden Einzelnen medial eine große Herausforderung. Angesichts der Abhängigkeit privater Medien von Werbekunden, Absatzzahlen (Printmedien) und Einschaltquoten (Fernsehen) stellt die fundierte Behandlung des Themas auch ein unternehmerisches Risiko dar. Ein weiteres Hindernis ist die vorherrschende Tendenz, Nachrichten nicht als Prozesse, sondern als Ereignisse zu betrachten. Der damit verbundene „Neuigkeitsfetischismus" führt zur Notwendigkeit, stets neue Themen behandeln zu müssen, wodurch das bereits bekannte Thema Klimawandel kaum eine

---

38 Schad, Miriam, Sommer, Bernd. 2011. Abschlussbericht des Projektes „Wissensbasis für individuelles Handeln. Change Agents für den Klimaschutz". Essen und Köln: Kulturwissenschaftliches Institut Essen (KWI) und Katalyse – Institut für angewandte Umweltforschung e.V. http://www.kulturwissenschaften.de/images/gruppe_material-115.img. Zugegriffen: 11. Juni 2013.

Chance auf Berücksichtigung erhält. Besonders deutlich wurde dieses Phänomen im Rahmen der Klimaverhandlungen von Kopenhagen. Nachdem das Thema durch die Berichterstattung über den Klimagipfel vielfach behandelt worden war, verschwand es in dessen Nachgang erneut von der Tagesordnung. Überraschenderweise ist auch der wissenschaftliche Journalismus nicht gänzlich von dieser Tendenz ausgenommen. Eine Untersuchung der britischen Nachrichtenmedien in den Jahren 2004 und 2006 zeigt, dass das Thema Klimawandel auch hier häufig von anderen Themen mit mehr Konjunktur (SARS, Vogelgrippe, etc.) überlagert wird, so dass nur rund vier Prozent der Beiträge den Klimawandel behandeln.[39]

Zu dieser thematischen Ermüdung kommt die weitgehende wissenschaftliche Einigkeit über die Ursachen des Klimawandels, die den Nachrichtwert des Themas Klimawandel weiter reduziert hat.[40] Angesichts dieses wissenschaftlichen Konsenses ist es erstaunlich, dass auch in deutschen Massenmedien immer wieder Reportagen und Berichte erscheinen, die diese wissenschaftlichen Erkenntnisse versuchen in Frage zu stellen. So strahlte der Privatsender RTL im Jahr 2007 den Fernsehfilm „Der Klimaschwindel" aus; eine gekürzte Fassung der Dokumentation mit dem Titel *„The Great Global Warming Swindle"*, welche bereits zuvor auf dem britischen Channel Four gesendet wurde. Durch Verwendung veralteter und manipulierter Grafiken versucht der Film den Eindruck zu erwecken, der Klimawandel werde nicht durch den Menschen beschleunigt sondern sei ausschließlich auf die Aktivität der Sonne zurückzuführen.[41] Doch nicht nur die Verbreitung althergebrachter Behauptungen sogenannter Klima-Skeptiker tragen dazu bei, die Bemühungen bei der Bekämpfung des Klimawandels zu untergraben. Auch durch das Verschweigen bedeutender Fakten können verzerrte Bilder vermittelt werden. So veröffentlichte im Vorfeld der Klimaver-

---

39 Vgl. Lewis, Justin, Boyce, Tammy. 2009. Climate Change and the Media: The Scale of the Challenge. In *Climate Change and the Media*, hrsg. T. Boyce, J. Lewis, 3-16. New York.
40 Vgl. Boykoff, Maxwell T., Smith, Joe. 2010. Media presentations of climate change. In *Routledge Handbook of Climate Change and Society*, hrsg. C. Lever-Tracy, 210-219. Oxon, New York: Routledge.
41 Vgl. Rahmstorf, Stefan. 2007. Der Klimaschwindel – Kommentar zum Film von RTL. http://www.pik-potsdam.de/~stefan/klimaschwindel.html. Zugegriffen: 06. Oktober 2011.

handlungen von Cancún das Münchener Nachrichtenmagazin Focus eine Ausgabe mit dem Titel „Prima Klima! Umdenken: Die globale Erwärmung ist gut für uns". Was der Titel als sensationelle neue Erkenntnisse zu verkaufen versucht, entpuppt sich beim Lesen des Artikels als die Betonung der bereits seit Jahren bekannten Tatsache, dass der Klimawandel *auch* positive Nebeneffekte haben kann. Dass diese weit hinter den negativen Folgen der Erderwärmung zurückbleiben, macht der Artikel allerdings nicht deutlich. Wenngleich das Interesse an den Kiosken mit nur 84.225 verkauften Ausgaben um rund 25 Prozent hinter den durchschnittlichen Absätzen im Einzelverkauf zurückblieb, so stellen Berichte wie diese dennoch eine Schwächung der Bemühungen im Kampf gegen den Klimaschutz dar.[42] Umso alarmierender ist es, dass es in anderen Printmedien keine deutlichen Gegendarstellungen zu dieser verkürzten Betrachtung gegeben hat und es insbesondere Onlineportale und Blogs waren, die die Unzulänglichkeiten des Berichts aufdeckten.[43]

Diese Einzelfälle täuschen allerdings darüber hinweg, dass der Großteil der deutschen Medien den Klimawandel durchaus ernst nimmt und eine differenzierte Betrachtung liefert. Dies ist allerdings nicht überall der Fall. Insbesondere in Entwicklungsländern wird dem Thema Klimawandel häufig nur wenig Platz eingeräumt und Journalisten sehen sich mit großen Hürden konfrontiert, wenn sie über das Thema berichten möchten. Globale Netzwerke wie das *„Earth Journalism Network"* oder *„media 21"* sind für die Förderung der Berichterstattung über Klimawandel und andere globale Probleme von zentraler Bedeutung, indem sie den Austausch zwischen Journalisten fördern, verlässliche Informationsquellen bereitstellen und in Workshops themenspezifische Kapazitäten aufbauen. Initiativen wie diese können die mediale Präsenz des Themas Klimawandel befördern.[44] Auch außerhalb dieser themenspezifischen Netzwerke messen Journalisten dem Klimawandel große Bedeutung zu. Mit dem Titel „*The Heat is*

---

42 Vgl. Informationsgemeinschaft zur Feststellung der Verbreitung von Werbeträgern e.V. 2011. http://www.ivw.de. Zugegriffen: 22. Oktober 2011.

43 Vgl. unter anderem: Greenpeace Magazin. 2010. *Focus: Können die kein Englisch?* http://www.greenpeace-magazin.de/index.php?id=5072&no_cache=1&tx_ttnews [tt_news]=93524&cHash=64d6917c634b5d01579eae04ac918d98. Zugegriffen: 22. Oktober 2011.

44 Für weitere Informationen zu den Netzwerken siehe http://earthjournalism.net und http://media21geneva.org. Zugegriffen: 21. Oktober 2011.

on – Climate Change and the Media" stellte das jährlich von der Deutschen Welle veranstaltete „*Global Media Forum*" im Jahr 2010 das Thema in den Mittelpunkt der Konferenz. Medienvertreter aus der ganzen Welt diskutierten gemeinsam mit Persönlichkeiten aus Wissenschaft, Wirtschaft, Politik und Kultur über die Rolle der Medien bei der Bekämpfung des Klimawandels und wie diese in Zukunft weiter gestärkt werden kann. Die Konferenz machte deutlich, dass die Medien die wissenschaftlichen Erkenntnisse über den Ursprung des Klimawandels akzeptieren sollten, anstatt sich weiter mit der von Klimaskeptikern angetriebenen Debatte über die Vorhandensein eines anthropogenen Klimawandels aufzuhalten. Indem der Fokus bei der Berichterstattung stärker auf den einzelnen Menschen gelegt wird, könnte das Publikum besser erreicht und konkrete Handlungsoptionen aufgezeigt werden. Dabei sollten weniger die bevorstehenden Katastrophen im Mittelpunkt der Beiträge stehen, sondern die Chancen und positiven Elemente einer klimafreundlichen Lebensweise betont werden. Verantwortungsvolle Medien können somit einen entscheidenden Beitrag bei der gesellschaftlichen Umgestaltung hin zu einer *Low Carbon Society* leisten.

11 Fazit und Ausblick

Der vorliegende Beitrag beleuchtete die vielfältigen Herausforderungen und Chancen, mit denen die Durchführung von Klimaschutzmaßnahmen auf verschiedenen Ebenen verbunden ist. Indem eine multiperspektivische Haltung eingenommen wurde, konnten spezifische Hürden aus Sicht einzelner Akteure herausgearbeitet und konkrete Handlungsmöglichkeiten aufgezeigt werden.

Dabei wurde der Blick zunächst auf die internationale Ebene gerichtet. Vor dem Hintergrund des derzeitigen Stands der internationalen Klimaverhandlungen konnte gezeigt werden, dass die Europäische Union einen entscheidenden Beitrag zur Lösung der Verhandlungsblockade leisten kann, indem sie sich von ihrer bisherigen Strategie der konditionierten CO_2-Reduktionsangebote verabschiedet. Indem die EU mit ambitionierten Klimaschutzzielen voranschreitet, anstatt ihre eigenen Reduktionszusagen an die Verhandlungsposition anderer Akteure zu binden, kann sie eine Vorbildrolle ausüben und demonstrieren, dass Klimaschutz und wirtschaftlicher Wohlstand keine Gegensätze, sondern eine sinnvolle Ergänzung darstellen. Anhand konkreter volkswirtschaftlicher Vorteile durch den Ausbau der Erneuerbaren Energien und den positiven Auswirkungen von Klimaschutzmaßnahmen auf das Gesundheitswesen konnte exemplarisch deutlich gemacht werden, dass ein Voranschreiten im Klimaschutz durchaus auch den Interessen Europas entspricht. Die darauffolgende Betrachtung der subnationalen Ebene zeigte am Beispiel der US-Bundesstaaten, welcher enorme Gestaltungsspielraum trotz einer Blockade der nationalen Klimapolitik besteht und wie er genutzt werden kann.

Bei der anschließenden Untersuchung der Rolle von Unternehmen wurde die ungleiche Aufteilung in Gewinner und Verlierer herausgearbeitet, welche die bevorstehende Herausforderung des Klimawandels hervorbringt. Während die in Zukunft weiter steigende Nachfrage nach CO_2-armen und energieeffizienten Produkten und Dienstleistungen einigen Branchen eine vielversprechende Zukunft voraussagt, stehen insbesondere energieintensive Unternehmen vor enormen Herausforderungen, die nur mit einer möglichst frühzeitigen Umstellung und dem damit einhergehendem Abgreifen von *First Mover*-Vorteilen meistern lassen. Wie durch die Vorstellung der Initiative „2° – Deutsche Unternehmer für Klimaschutz" gezeigt werden konnte, wurden die Vorteile eines solchen aktiven Voranschreitens bereits von einigen Unternehmen erkannt. Der Widerstand gegen Klimaschutzmaßnahmen in anderen Branchen macht allerdings deutlich, dass nicht alle Unternehmen durch die Diversifizierung ihrer Produktpaletten und der Verlängerung ihrer Wertschöpfungsketten eine günstige Position werden einnehmen können. Wie jeder Strukturwandel wird auch die Umstellung auf eine nachhaltige Wirtschaftsform einige Verlierer hervorbringen, die ihr bisheriges Tätigkeitsfeld zugunsten eines zukunftsfähigen Marktes werden verlassen müssen. Um eine solche Veränderung möglich zu machen, ist die Ausrichtung auf langfristiges Wirtschaften und die Etablierung entsprechender Unternehmensstrategien essentiell.

Mit der Fokussierung von Städten wurden im Anschluss konkrete Handlungsmöglichkeiten der Stadtverwaltung bei der Umsetzung von Klimaschutzmaßnahmen vorgestellt und gezeigt, wie bestehende Hürden überwunden werden können. Sowohl Pilotprojekte wie das in Bottrop durchgeführte „InnovationCity Ruhr" als auch Initiativen wie die der Stadt Düsseldorf können als Blaupause für eine flächendeckende Umsetzung von kommunalem Klimaschutz dienen und wichtige Erfahrungswerte zusammentragen. Insbesondere bei der Umsetzung von Klimaschutzmaßnahmen in Städten zeigt sich, welch zentrale Bedeutung die aktive Einbindung der Bevölkerung besitzt. Dieser Aspekt erhält durch das nur begrenzte Potential von technischen Lösungen im Klimaschutz eine zentrale Bedeutung. Wie im Bereich Verkehr durch die Gegenüberstellung von Elektromobilität und konventionellen CO2-armen Mobilitätskonzepten deutlich gemacht wurde, ist die Umstellung unserer Verhaltensweisen eine notwendige Ergänzung zur Einführung neuer technischer Lösungen. Bestehende Netzwerke können hier als Plattform zur Verbreitung von individuellem Klimaschutz dienen, indem Einzelpersonen als Multiplikatoren eine solche Entwicklung vorantreiben. Medien kommt hier eine zentrale Rolle zu, indem sie nicht nur auf die Gefahren des Klimawandels hinweisen sondern auch die Vorteile einer *Low Carbon Economy* vermitteln.

Das individuelle Voranschreiten von Unternehmen, Individuen und Städten kann die internationale Ebene bei der Aushandlung eines globales Klimaschutzabkommen flankieren, indem es auf die konkreten Umsetzungsmöglichkeiten von Klimaschutz hinweist und Erfahrungen zusammenträgt. Die Offenheit gegenüber neuen Lösungsansätzen und die Bereitschaft, diese in das eigene Handeln zu integrieren, sind wesentliche Voraussetzungen für eine Ausdehnung der bisherigen Bemühungen auf ein Niveau, das der Herausforderung des Klimawandels gerecht wird.

Das neue Gesicht der Regelungen im Finanzmarkt

Thomas Hartmann-Wendels

1 Ausgangspunkt: Die Finanzmarktkrise

Als die Finanzmarktkrise im Herbst 2008 nach der Pleite der Lehman-Bank ihrem Höhepunkt entgegen strebte, bestand weitgehende Einigkeit darüber, dass künftig kein Finanzmarktakteur und kein Finanzprodukt unreguliert bleiben soll. Es dürfe nicht noch einmal zu einer Situation kommen, in der Staaten sich gezwungen sehen, Banken mit immensen Summen vor dem Zusammenbruch zu bewahren. Durch die Finanzkrise wurde manche als sicher geglaubte Erkenntnis binnen kürzester Zeit Makulatur: Vor der Finanzmarktkrise bestand Einigkeit darüber, dass eine leistungsfähige Volkswirtschaft einen leistungsfähigen Finanzsektor benötigt, der durch Finanzmärkte mit hohem Umsatzvolumen und durch Banken, die vor allem groß sein sollten, gekennzeichnet ist. Die Finanzmarktkrise hat gezeigt, dass große Banken ein systemisches Risiko darstellen, das in der Krise zu einer Gefahr für eine Volkswirtschaft werden kann, und dass die Leistungsfähigkeit von Finanzmärkten maßlos überschätzt wurde. Der weltweite Handel mit Finanzinstrumenten galt lange Zeit als Zeichen für eine stetige Verbesserung der Risikoallokation. Durch diese, so die feste Überzeugung, würde das Finanzsystem insgesamt an Stabilität gewinnen. In der Finanzmarktkrise erwiesen sich aber gerade die Finanzmärkte als Quelle der Instabilität. Der Handel mit Derivaten brachte neue Risiken, nämlich Ausfallrisiken mit sich, deren Bedeutung unterschätzt wurde.

Die Finanzmarktkrise hat sowohl auf nationaler als auch internationaler Ebene viele Ansätze für neue Regulierungsvorschriften hervorgebracht. Von großer Bedeutung für die deutschen Banken sind die neuen Regeln, die als Basel III bezeichnet werden, sowie die mehrfachen Novellierungen der Mindestanforderungen an das Risikomanagement (MaRisk), die Reform der Einlagensicherung und das Bankenrestrukturierungsgesetz mit der Einführung einer Bankenabgabe. In der Diskussion sind weitere Maßnahmen, wie zum Beispiel eine Finanztransaktionssteuer.

Jede einzelne Regelung mag für sich genommen notwendig und sinnvoll erscheinen. Damit ist aber noch nicht gewährleistet, dass die einzelne im Zusammenspiel aller Regelungen die gewünschte Wirkung entfaltet. Die neuen Regulierungsvorschriften und deren Auswirkungen auf die Stabilität des Finanzsystems waren Gegenstand eines wissenschaftlichen Symposiums unter dem Generalthema „Das neue Gesicht der Regelungen im Finanzmarkt".[1]

2 Basel III und CRD IV/CRR

Basel III[2] enthält quantitative Regelungen zur Höhe der Eigenmittelunterlegung, zur Einführung einer Höchstverschuldungsquote, zu Eigenkapitalanforderungen für Gegenparteirisiken im Handelsbuch und zur Einführung eines globalen Liquiditätsstandards. Diese Bestandteile von Basel III werden innerhalb der EU als eine Verordnung (*Capital Requirement Regulation*) umgesetzt, die dann ohne weitere nationale Umsetzung für alle Banken unmittelbar gilt.[3] Die Vorschriften

---

[1] Dieser Beitrag gründet auf die Diskussionen des Fachsymposiums „Das neue Gesicht der Regelungen im Finanzmarkt", das am 27. September 2011 im Odysseum in Köln stattgefunden hat. Die Beiträge des Fachsymposiums konzentrierten sich auf den Aspekt des systemischen Risikos. Das entsprechende Unterkapitel dieses Beitrags gibt die wesentlichen Inhalte wieder. Im Rahmen des Symposiums fanden Workshops statt, in denen die Ideen mit Kölner Schülern diskutiert und weitergedacht wurden.

[2] Basler Ausschuss für Bankenaufsicht. 2011. *Basel III: Ein globaler Regulierungsrahmen für widerstandsfähigere Banken und Bankensysteme.* Basel Juni 2011. Basel Committee on Banking Supervision. 2010. *Basel III: International framework for liquidity risk measurement, standards and monitoring.* December 2010.

[3] Council of the European Union. 2013. *Regulation of the European Parliament and of the Council on prudential requirements for credit institutions and investment firms.* 26. März 2013. Council of the European Union. 2013. *Directive of the European Parliament and of the Council on the access to the activity of credit institutions and the prudential supervision of credit institutions and investment firms and amending Directive 2002/87/EC of the European Parliament and of the Council on the supplementary supervision of credit institutions, insurance undertakings and investment firms in a financial conglomerate.* 26. März 2013.

über die qualitative Bankenaufsicht werden dagegen in der EU als Richtlinie (*Capital Requirement Directive*) umgesetzt, die noch in nationales Recht transformiert werden muss. Dieser Schritt ist in Deutschland mit der mehrfachen Umgestaltung der Mindestanforderungen an das Risikomanagement bereits teilweise vollzogen worden.

2.1 Eigenmittelunterlegung

2.1.1 Höhe und Zusammensetzung der Eigenmittel

Die Unterlegung der Risikopositionen mit Eigenmitteln in Höhe von acht Prozent bleibt grundsätzlich erhalten. Verschärfungen ergeben sich jedoch zum einen hinsichtlich der Zusammensetzung der Eigenmittel. Zum anderen werden die Mindesteigenkapitalanforderungen um zusätzliche Elemente ergänzt, die der Kapitalerhaltung und der Vermeidung prozyklischer Effekte dienen sollen. Für systemrelevante Banken ist ein zusätzliches Eigenkapitalpolster vorgesehen (vgl. Abbildung 1).

Gemäß Basel III muss das Kernkapital künftig mindestens sechs Prozent der Risikoaktiva ausmachen. Statt bislang zwei Prozent, muss das harte Kernkapital künftig mindestens 4,5 Prozent der Risikoaktiva betragen. Beim Ergänzungskapital entfällt die Unterscheidung in Klasse 1 und Klasse 2. Drittrangmittel wird es künftig nicht mehr geben.

Über die regulatorische Mindesteigenkapitalanforderung hinaus müssen die Banken einen Kapitalerhaltungspuffer von 2,5 Prozent aufbauen. Damit soll erreicht werden, dass die Banken in normalen Phasen ein zusätzliches Kapitalpolster aufbauen, auf das sie im Verlustfall zurückgreifen können. Der Kapitalerhaltungspuffer muss ebenfalls aus hartem Kernkapital bestehen, so dass die Risikoaktiva künftig mit mindestens sieben Prozent hartem Kernkapital unterlegt werden müssen. Wird der Kapitalerhaltungspuffer nicht eingehalten, greifen weiche Sanktionen in Form einer Begrenzung von Ausschüttungen, eines Verbots des Rückkaufs eigener Aktien sowie einer Aussetzung von Bonuszahlungen. Mit zunehmendem Ausmaß der Unterschreitung werden die Beschränkungen strenger bis hin zu der Verpflichtung einer vollständigen Einbehaltung des Gewinns.

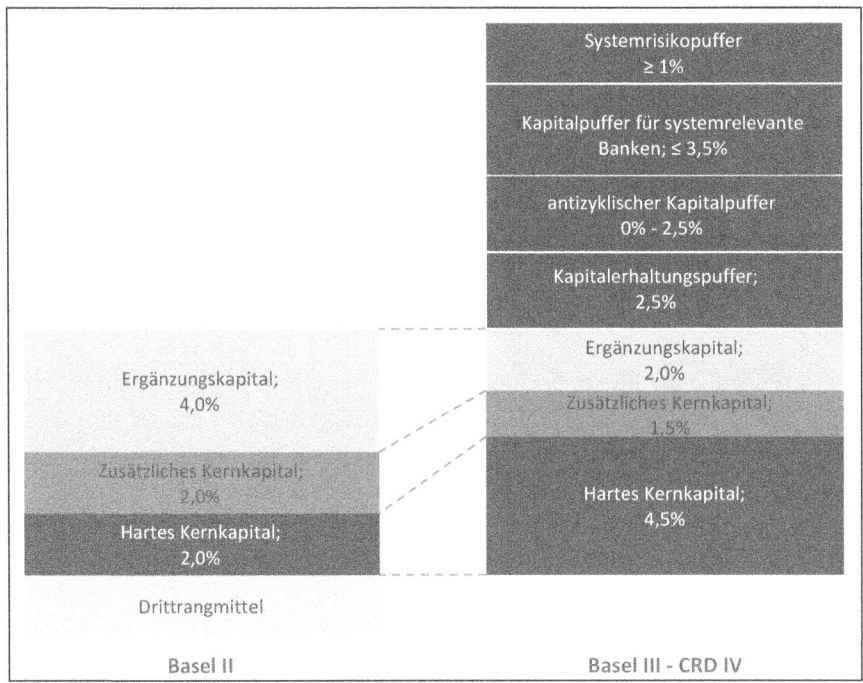

Abbildung 1: Eigenmittelunterlegung nach Basel II und Basel III

Ein Kritikpunkt an Basel II war, dass die Eigenmittelanforderungen prozyklisch wirken. Bei einem wirtschaftlichen Abschwung steigen die Ausfallrisiken und damit die Eigenkapitalanforderungen. Gleichzeitig müssen die Banken erhöhte Abschreibungen auf ihre Kreditbestände vornehmen, was ihre Ertragskraft belastet. In einer solchen Situation können die Banken gezwungen sein, ihre Kreditvergabe einzuschränken, um die Mindesteigenkapitalvorschriften nicht zu unterschreiten. Eine Einschränkung bei der Kreditvergabe wiederum verstärkt die rezessiven Tendenzen in der Realwirtschaft mit weiteren Konsequenzen für die Kreditwirtschaft. Um dieser Abwärtsspirale entgegenzuwirken, wird ein antizyklischer Kapitalpuffer eingeführt.[4] Der antizyklische Kapitalpuffer, der bis zu 2,5 Prozent der Risikoaktiva betragen kann, soll in Zeiten eines exzessiven Kreditwachstums aufgebaut werden und kann in einem Konjunkturabschwung abgeschmolzen werden. Mit dem Aufbau des antizyklischen Kapitalpuffers werden zum einen Überhitzungstendenzen in Boom-Phasen abgeschwächt. Zum anderen sinkt in Abschwungphasen der Druck auf die Banken, ihre Kreditvergabe einschränken zu müssen. Der antizyklische Kapitalpuffer soll ebenfalls über eine Einschränkung der Gewinnausschüttungen aufgebaut werden.

Für systemrelevante Banken soll es eine zusätzliche Kapitalanforderung geben, die bis zu 3,5 Prozent betragen kann. Innerhalb der EU ist beschlossen worden, für systemrelevante Banken eine harte Kernkapitalquote von neun Prozent zu fordern, die so lange gilt, bis die Basel III-Regelungen greifen. Zusätzlich können einzelne Staaten einen systemischen Risikopuffer vorsehen.

2.1.2 Anforderungen an die Qualität des Eigenkapitals

Basel III stellt deutlich schärfere Anforderungen an die Haftungsqualität des Eigenkapitals. Als Kernkapital werden nur Finanzierungsinstrumente anerkannt, die auch bei Fortführung der Bank (*Going Concern*) in vollem Umfang Verluste tragen. Ergänzungskapital dagegen braucht nur im Fall der Insolvenz Verluste aufzufangen (*Gone Concern*).

Die wichtigsten Kriterien für die Anerkennung als hartes Eigenkapital sind:

- letztrangiger Anspruch
- unbefristet, unkündbar, keine Rückzahlung außerhalb der Liquidation
- keine Ausschüttungsverpflichtung
- vollständige Teilnahme an laufenden Verlusten
- Kapital muss eingezahlt sein

Ab 2014 werden stille Einlagen bei Banken in der Rechtsform der Aktiengesellschaft nicht mehr als hartes Kernkapital anerkannt. Bei Nicht-Aktiengesellschaft

---

4 Basel Committee for Banking Supervision. 2010. *Guidance for national authorities operating the countercyclical capital buffer.* Basel December 2010.

werden die stillen Einlagen nur dann weiter anerkannt, wenn sie den durch Basel III verschärften Qualitätsansprüchen genügen, sonst läuft ihre Anerkennung bis Ende 2018 stufenweise aus.

Zusätzliches Kernkapital ist ein Instrument, das nachrangig ist, das keine Verpflichtung zur Zahlung von Dividenden oder Kupons enthält, das keine Nachzahlungspflicht ausgefallener Dividenden vorsieht und das weder einen Fälligkeitstermin hat noch einen Anreiz zur Tilgung enthält.

Auch die Anforderungen an das Ergänzungskapital wurden verschärft. Im Wesentlichen wird verlangt, dass das Ergänzungskapital

- nachrangig im Verhältnis zu den Einlagen und anderen nicht bevorrechtigten Gläubigern bedient wird,
- eine Anfangslaufzeit von mindestens fünf Jahren hat und keine Tilgungsanreize bestehen,
- nur auf Initiative des Emittenten nach frühestens fünf Jahren kündbar ist (eine Kündigung danach ist nur unter bestimmten Voraussetzungen erlaubt),
- keine Zahlungsanwartschaft beinhaltet, deren Höhe von der Bonität der Bank abhängt,
- eingezahlt ist.

Erhöht werden auch die Abzüge vom haftenden Eigenkapital. So werden Positionen, die bislang hälftig vom Kern- und Ergänzungskapital abgezogen werden (§ 10, Abs. 6 und 6a KWG), künftig entweder ausschließlich vom harten Kernkapital abgezogen oder mit einem Risikogewicht von 1250 Prozent belegt. Das heißt, sie müssen in voller Höhe mit haftendem Eigenkapital unterlegt werden, somit zumindest mit sechs Prozent Kernkapital. Dies betrifft bestimmte Verbriefungs- und Beteiligungspositionen sowie wesentliche Beteiligungen an Wirtschaftsunternehmen. Eine Ausnahme hiervon gibt es für die Beteiligungen von Sparkassen und Kreditgenossenschaften an ihren Verbundunternehmen.

Die Bestimmungen zur Eigenmittelunterlegung werden innerhalb der EU ab 2014 stufenweise bis 2018 eingeführt.

2.2 Höchstverschuldungsquote (Leverage Ratio)

Die Vorschriften zur Eigenmittelunterlegung sind in den vergangenen Jahren zunehmend weniger an den Nominalvolumina von Risikopositionen, sondern stärker an deren Risikogehalt ausgerichtet worden. Um die Eigenmittelunterlegung stärker risikoorientiert zu gestalten, wurde die aufsichtliche Risikomessung mit dem bankinternen Risikocontrolling verzahnt. So dürfen Banken für Positionen, die mit Wechselkurs-, Zinsänderungs- und/oder Aktienkursrisiken verbunden sind, bankinterne Risikomessmethoden einsetzen. Die Folge war eine erhebliche Reduzierung der Eigenmittelanforderungen für diese Risiken. Dies wurde bewusst in Kauf genommen, weil man glaubte, durch die Anwendung fortgeschrittener Messmethoden die Risiken genau quantifizieren zu können. Risikopuffer, die über die identifizierten Risiken hinausgehen, schienen damit nur in geringem Maße notwendig zu sein. Darüber hinaus wollte man den Banken durch die Aussicht auf eine niedrigere Eigenmittelunterlegung einen Anreiz geben, fortgeschrittene Methoden des Risikomanagements zu implementieren. Folge dieser Entwicklung war, dass die aufsichtliche und bilanzielle Eigenkapitalquote sich immer weiter voneinander entfernten. Besonders drastisch war diese Entwicklung bei großen Banken, die über ein großes Handelsbuch verfügen und flächendeckend fortgeschrittene Methoden der Risikomessung anwenden. Bei diesen Banken war es keine Seltenheit, dass die bilanzielle Eigenkapitalquote weniger als zwei Prozent ausmachte, die regulatorische Eigenkapitalquote aber deutlich über 10 Prozent lag.[5]

In der Finanzkrise hat sich gezeigt, dass die bankeigenen Messmethoden die Risiken drastisch unterschätzt haben. Die Bankenaufseher haben sich häufig von der Komplexität der bankeigenen Risikomanagementsysteme täuschen lassen.[6] Insgesamt wurde deutlich, dass eine risikobasierte Eigenmittelunterle-

---

5   Vgl. Hellwig, M. 2010. Capital regulation after the crisis: business as usual? Working Paper 2010/31 Bonn. S. 5. Der Eigenkapitalanteil der acht großen deutschen Banken, die in eine Befragung des Basler Ausschusses für Bankenaufsicht einbezogen wurden, lag am 30.06.2012 bei durchschnittlich 1,8 %. Vgl. Basel Committee on Banking Supervision. 2013. *Results of the Basel III Monitoring Exercise as of 30 June 2012*. Basel 2013.
6   Vgl. Hellwig, M. 2010. Capital regulation after the crisis: business as usual? Working Paper 2010/31 Bonn. S. 5.

gung nicht ausreicht, um systemische Risiken zu begrenzen. Soweit Banken während der Finanzkrise aufgrund der Markterwartung gezwungen waren, ihren Verschuldungsgrad zu reduzieren, mussten diese Banken hohe Volumina an Wertpapieren veräußern, um ihren Verschuldungsgrad signifikant zu reduzieren. Dies löste einen erheblichen Druck auf die Wertpapiermärkte aus – mit der Folge, dass auch andere Banken aufgrund sinkender Wertpapierpreise Wertberichtigungen vornehmen mussten. Die daraus resultierenden Verluste verstärkten wiederum den Druck, zusätzliche Wertpapiere zu veräußern, um die Verschuldungsquote zu reduzieren.

Um solche systemischen Effekte zu verhindern, sollen die Banken ab 2018 eine risikounabhängige Höchstverschuldungsquote (*Leverage Ratio*) einhalten. Das Kernkapital muss mindestens drei Prozent der Risiko-ungewichteten Aktiva ausmachen. Alle bilanziellen Positionen gehen mit ihrem Buchwert (abzüglich Wertberichtigungen) ein; physische oder finanzielle Sicherheiten werden nicht als Risiko-mindernd berücksichtigt. Derivate werden zum Buchwert zuzüglich eines Risikoaufschlags für mögliche künftige Wertveränderungen, der nach der Marktbewertungsmethode zu ermitteln ist, angesetzt. Traditionelle bilanzunwirksame Geschäfte wie Kreditzusagen oder *Stand-by*-Akkreditive gehen mit ihrem Nominalwert in die Verschuldungsquote ein.

2.3 Stärkung der Risikodeckung

Banken verwenden das Geld der Anleger überwiegend dafür, Kredite zu vergeben und Wertpapiere zu erwerben. Während kleinere Banken den Wertpapiererwerb als mittel- und langfristige Anlage betrachten, mit dem Ziel, Zinserträge zu erzielen, verfolgen große Banken zudem das Ziel, Erträge aus den kurzfristigen Preisschwankungen von Wertpapieren zu erzielen, indem sie Wertpapiere an- und verkaufen. Die unterschiedlichen Zwecksetzungen schlagen sich in unterschiedlichen Bilanzierungsvorschriften und in unterschiedlichen regulatorischen Eigenkapitalanforderungen nieder. Bei Wertpapieren, die zu Handelszwecken gehalten werden (Handelsbuchrisikopositionen), besteht das Risiko darin, dass Preisschwankungen zu Verlusten führen (Marktpreisrisiko). Alle anderen Risikopositionen, also insbesondere Kredite und mittel- bis langfristige Wertpapieranlagen, werden dagegen dem Bankenbuch zugerechnet. Die Bank ist hier dem Risiko ausgesetzt, dass der Schuldner ausfällt und die Bank das investierte Kapital nicht oder nur teilweise zurückerhält (Adressausfallrisiko).

Marktpreisrisiken wurden als besser beherrschbar angesehen, weil man Handelsbuchrisikopositionen aufgrund der Handelbarkeit der Wertpapiere jederzeit veräußern und damit mögliche Verluste begrenzen kann. Dies führte dazu, dass die Eigenkapitalanforderungen für Risikopositionen des Handelsbuches nur einen Bruchteil der Eigenkapitalanforderungen für Risikopositionen des Bankenbuches ausmachten. Diese Regelungen stehen in keinem Verhältnis zu den eingetretenen Verlusten in den beiden Bereichen während der Finanzmarktkrise. Die größten Verluste traten bei den Marktpreisrisiken auf, die nur in geringem Maße mit Eigenmitteln unterlegt waren.

Auf diese Fehlsteuerung hat der Baseler Ausschuss für Bankenaufsicht im Juli 2009 reagiert und eine höhere Eigenmittelunterlegung für Handelsbuchrisikopositionen beschlossen.[7] Diese Regelungen, die auch als Basel II.5 bezeichnet werden, betreffen Banken, die für die Ermittlung der aufsichtlichen Eigenmittelunterlegung interne Modelle einsetzen. Dies sind alle großen Banken.

Die Vorschriften von Basel II.5 haben ungefähr zu einer Verdreifachung der Kapitalanforderungen für Handelsbuchrisikopositionen geführt. Mit der Verabschiedung des Basel III-Papiers im Dezember 2010 führt der Baseler Ausschuss für Bankenaufsicht sein Vorhaben fort, Risiken im Handelsbuch mit höheren Eigenkapitalanforderungen zu belegen. Im Vordergrund des Basel III-Papiers steht das Risiko, dass der Vertragspartner (Kontrahent) von Geschäften mit Derivaten, von Pensionsgeschäften und Wertpapierfinanzierungsgeschäften ausfällt. Die Finanzmarktkrise hat nämlich gezeigt, dass die Absicherung von Risiken mit Hilfe von Derivaten häufig gar nicht wirksam war. So kann man zum Beispiel mit Hilfe von Kreditderivaten Ausfallrisiken absichern, diese Absicherung nützt aber letztlich wenig, wenn der Risikokäufer im Ernstfall gar nicht in der Lage ist, seinen Verpflichtungen nachzukommen. Diese Situation stellte sich während der Finanzmarktkrise für die US-amerikanische Versicherung AIG, die in riesigem Umfang als Käufer von Kreditderivaten aufgetreten war. Wäre AIG

---

7 Vgl. Basel Committee on Banking Supervision. 2009. *Revisions to the Basel II market risk framework*. Basel July 2009. Basel Committee on Banking Supervision. 2009. *Guidelines for computing capital for incremental risk in the trading book*. Basel July 2009.

nicht durch staatliche Hilfen gerettet worden, wäre die Absicherung von Kreditrisiken bei zahlreichen großen Banken hinfällig geworden.

Um das Kontrahentenausfallrisiko aus Derivativgeschäften zu reduzieren, sollen Derivativgeschäfte künftig über zentrale Kontrahenten abgewickelt werden. Dies erhöht zum einen die Transparenz über die Risikopositionen, die durch Derivatetransaktionen aufgebaut werden, zum anderen reduzieren zentrale Kontrahenten das Ausfallrisiko, da sie als Gegenpartei für die Erfüllung aller Verträge einstehen.

Inzwischen sind durch den Basler Ausschuss für Bankenaufsicht weitergehende Überlegungen angestellt worden, die Eigenkapitalanforderungen für Marktpreisrisiken grundlegend zu reformieren.[8]

2.4 Liquidität

2.4.1 Fristentransformation und Liquiditätsrisiken

Aufgrund ihrer Geschäftstätigkeit sind Banken einem Liquiditätsrisiko ausgesetzt. Während die Bankeinlagen typischerweise kurzfristig sind, bestehen die Bankaktiva zu einem erheblichen Teil aus mittel- und langfristigen und zudem illiquiden Krediten. Diese Fristentransformation ist möglich, weil im Normalfall formell kurzfristige Bankeinlagen tatsächlich zu einem erheblichen Teil mittel- bis langfristig gehalten werden (Prolongation) und abgezogene Einlagen durch neue ersetzt werden (Substitution). Die Fristentransformation ist eine wichtige Aufgabe, die Banken erfüllen, um den Wunsch der Anleger nach kurzfristigen, liquiden Geldanlagen mit dem Wunsch der Kapitalnehmer nach langfristiger stabiler Finanzierung in Einklang zu bringen.

Die Fristentransformation ist allerdings mit einem Liquiditätsrisiko verbunden: Prolongation und Substitution können schlagartig aufhören, wenn das Vertrauen in die Stabilität einer Bank erschüttert wird. Es droht dann ein *Bank Run*, der eine Bank in kürzester Zeit trotz ausreichender Ertragskraft illiquide werden lässt. Einlagensicherungssysteme sollen das Vertrauen in die Sicherheit

---

8 Vgl. Basel Committee on Banking Supervision. 2012. *Fundamental Review of the Trading Book*. Basel.

der Einlagen stärken und somit zur Verhinderung eines *Bank Runs* beitragen. In der Zeit vor der Finanzmarktkrise war allerdings nicht nur die Versorgung des Nicht-Bankensektors mit Liquidität das Motiv für die Fristentransformation. Diese wurde auch betrieben, um durch die Ausnutzung von Zinsdifferenzen zwischen kurz- und langfristigen Anlagen Erträge zu erzielen. Banken, insbesondere solche, die keinen Zugang zu Einlagen haben, refinanzierten sich kurzfristig bei anderen Banken und investierten die Mittel in langfristige *Assets* oder in *Assets*, die sich in Krisenzeiten als nicht kurzfristig liquidierbar erwiesen. Während ein *Bank Run* des Publikums – mit Ausnahme von Northern Rock – weitestgehend vermieden werden konnte, kam es im Bankensektor zu einer Art *Bank Run*.

Der Zusammenbruch von Lehman – als sichtbarstes Ereignis der Krise – ähnelte zwar einem klassischen *Bank Run*, aber es waren nicht Privatkunden als Inhaber von Sichtguthaben, sondern institutionelle Kunden, die eine Weiterfinanzierung verweigerten und damit die Lage der betroffenen Bank eskalierten. Dementsprechend war nicht der Ansturm von Normalkunden die Schwachstelle des Finanzsystems, sondern die Refinanzierung am so genannten „Wholesale-Markt". Das war im Prinzip auch bei Northern Rock der Fall, bei der es erst dann zu einem *Bank Run* von den Privatkunden kam, als bekannt wurde, dass die Refinanzierung von Northern Rock am *Wholesale*-Markt zusammengebrochen war.

Eine in normalen Zeiten ohne Weiteres mögliche Liquiditätsbeschaffung durch Kreditaufnahme bei anderen Banken war auf dem Höhepunkt der Finanzmarktkrise aufgrund des Misstrauens im Bankensektor nicht mehr möglich. Ebenso verschlechterte sich die Möglichkeit der Liquiditätsbeschaffung durch Verpfändung von Wertpapieren, weil die Sicherheitsabschläge dramatisch anstiegen oder bestimmte Wertpapiere überhaupt nicht mehr als Sicherheit akzeptiert wurden.

Derzeit gibt es keine international einheitlichen Vorschriften zur Begrenzung von Liquiditätsrisiken. Diese Lücke soll durch Basel III geschlossen werden, indem künftig eine kurzfristig ausgerichtete Mindestliquiditätsquote (*Liquidity Coverage Ratio*) und eine mittelfristig konzipierte strukturelle Liquiditätsquote (*Net Stable Funding Ratio*) einzuhalten sind. Diese Vorschriften werden die heute für deutsche Banken geltende Liquiditätsverordnung (LiqV) ablösen.

2.4.2 Mindestliquiditätsquote (Liquidity Coverage Ratio)

Das Ziel der Mindestliquiditätsquote besteht darin, sicherzustellen, dass eine Bank über einen ausreichenden Liquiditätspuffer, bestehend aus erstklassigen liquiden Aktiva, verfügt, um die Nettomittelabflüsse in einer einen Monat andauernden Stresssituation ausgleichen zu können. Entsprechend der Zielsetzung verlangt die Mindestliquiditätsquote, dass das Verhältnis von erstklassigen hochliquiden Aktiva zu den Nettozahlungsmittelabflüssen stets größer ist als 100 Prozent:

$$LCR = \frac{Bestand\ an\ erstklassigen\ liquiden\ Aktiva}{Gesamter\ Nettoabfluss\ von\ Barmitteln\ in\ den\ nächsten\ 30\ Kalendertagen} \geq 100\%$$

Die Mindestliquiditätsquote ähnelt der derzeit geltenden Liquiditätsverordnung. Sie stellt aber wesentlich höhere Anforderungen an die Liquiditätsvorsorge.

Die erstklassigen liquiden Aktiva sollen lastenfrei, in Stresszeiten marktliquide und im Idealfall notenbankfähig sein. Sie sollen ein geringes Kredit- und Marktrisiko aufweisen, eine niedrige Korrelation mit anderen Risikoaktiva haben, einwandfrei bewertbar sein und an liquiden Märkten gehandelt werden.

Die erstklassigen hochliquiden Aktiva werden in Abhängigkeit von ihrer Sicherheit in zwei Klassen eingeteilt. Level 1-Aktiva werden unbegrenzt und ohne Abschlag (*Haircut*) anerkannt. Level 2-Aktiva werden mit einem Abschlag von 15 Prozent des aktuellen Marktwertes belegt und dürfen höchstens 40 Prozent des Gesamtbestandes an erstklassigen hochliquiden Aktiva ausmachen.

Die Definition der erstklassigen hochliquiden Aktiva schafft für die Banken Anreize, vornehmlich in Staatsanleihen zu investieren, da diese unbegrenzt und ohne *Haircut* anerkannt werden. Angesichts der enormen Verschuldung vieler Staaten und der daraus resultierenden Krise ist diese Privilegierung in keiner Weise gerechtfertigt. Sie fördert vielmehr die weitere Staatsverschuldung, da die Banken aufgrund der Vorgabe der Mindestliquiditätsquote einen großen Bedarf an solchen Titeln haben und die Renditen damit sinken werden. Dies benachteiligt den privaten Sektor und führt zu einer Fehlallokation des Kapitals. Hinzu kommt, dass die Stabilität des Finanzsystems nicht gestärkt, sondern eher geschwächt wird, wenn weitere Anreize zur Staatsverschuldung gegeben werden.

Erheblich eingeschränkt wird durch Basel III die Anerkennung von Zahlungsmittelzuflüssen innerhalb der nächsten 30 Kalendertage. Diese werden nur bis maximal 75 Prozent der Zahlungsmittelabflüsse angerechnet. Für erwartete Zuflüsse aus Zins- und Tilgungszahlungen von Krediten, die an Nichtbanken vergeben wurden, liegt die Zuflussrate bei 50 Prozent, weil davon ausgegangen wird, dass die Hälfte der Zuflüsse wieder neu als Kredite ausgereicht werden. Kreditlinien, Liquiditätsfazilitäten[9] oder sonstige Eventualfazilitäten[10] dürfen nicht als Mittelzufluss eingerechnet werden, ebenso wenig wie operative Einlagen (z. B. Einlagen für Clearing, Verwahrung oder Cash-Management).

Zahlungsabflüsse innerhalb der nächsten 30 Kalendertage können aus Verbindlichkeiten resultieren, die in diesem Zeitraum fällig werden oder aber aus Kreditlinien, die von den Kunden gezogen werden. Durch aufsichtlich festgelegte Rückzugsraten (*Run-off*-Faktoren) wird berücksichtigt, dass fällige Verbindlichkeiten nur zum Teil auch wirklich abgerufen werden und damit zu Zahlungsabflüssen führen. Die Höhe der *Run-off*-Faktoren hängt davon ab, ob der Einleger Privatkunde, Unternehmen oder eine Bank ist; und ob es sich um eine besicherte Kapitalmarktfinanzierung handelt. Für kurzfristige Einlagen von Privatkunden (z. B. auf Girokonten) wird unterstellt, dass 5 Prozent bis 10 Prozent dieser Einlagen in einer Stresssituation innerhalb von 30 Tagen abgezogen werden. Für unbesicherte Einlagen von Großkunden werden dagegen je nach Einlagenart *Run-off*-Faktoren zwischen 25 Prozent und 100 Prozent angenommen.

Die Anforderungen an die Mindestliquiditätsquote waren so streng formuliert, dass ein kaum zu deckender Bedarf an hochliquiden *Assets* entstanden wäre. Daher wurden die Bestimmungen inzwischen deutlich gelockert.[11] Ob die EU dieser Lockerung bei der Umsetzung der Mindestliquiditätsquote folgt, ist noch nicht entschieden. Die Mindestliquiditätsquote soll ab 2015 schrittweise

---

9 Bei einer Liquiditätsfazilität geht eine Bank die Verpflichtung ein, bei Bedarf kurzfristig liquide Mittel zur Verfügung zu stellen.
10 Eventualfazilitäten sind Verpflichtungen wie z. B. Bürgschaften oder Garantien, aus denen die Bank im Bedarfsfall in Anspruch genommen werden kann.
11 Vgl. Basler Ausschuss für Bankenaufsicht. 2013. *Basel III: The Liquidity Coverage Ratio and liquidity risk monitoring tools*. Basel January 2013.

eingeführt werden. Zunächst muss die Quote zu 60 Prozent erfüllt sein, mit Beginn des Jahres 2018 ist der Quotient dann zu 100 Prozent einzuhalten.

2.4.3 Strukturelle Liquiditätsquote (Net Stable Funding Ratio)

Mit der Einführung einer strukturellen Liquiditätsquote soll sichergestellt werden, dass die Aktiva unter Berücksichtigung ihrer Liquidierbarkeit zumindest anteilig mit langfristig gesicherten, also stabilen Mitteln finanziert werden. Dies soll die Banken von der Funktionsfähigkeit des Interbankenmarktes und von der Lage auf den Kapitalmärkten unabhängiger machen. Die strukturelle Liquiditätsquote bezieht sich auf den Zeitraum eines Jahres. Mit der strukturellen Liquiditätsquote soll zugleich verhindert werden, dass die Vorgaben der Mindestliquiditätsquote umgangen werden, indem Verbindlichkeiten eingegangen werden, deren Laufzeit knapp über dem Zeithorizont von 30-Kalendertagen liegt.

Die strukturelle Liquiditätsquote fordert, dass das Verhältnis aus verfügbarer stabiler Refinanzierung und dem Bedarf an stabiler Refinanzierung größer 100 Prozent ist:

$$NSFR = \frac{Verfügbarer\ Betrag\ stabiler\ Refinanzierung}{Erforderlicher\ Betrag\ stabiler\ Refinanzierung} > 100\%$$

Bei der Bemessung der Eingangsgrößen für die strukturelle Liquiditätsquote wird von einem Stressszenario ausgegangen. Dieses beinhaltet einen erheblichen Rückgang der Profitabilität beziehungsweise der Solvabilität infolge erhöhter Risiken. Das bedeutet eine mögliche Ratingherabstufung und/oder ein wesentliches Ereignis mit negativen Folgen für die Reputation oder die Kreditwürdigkeit der Bank.

Um den verfügbaren Betrag an stabiler Refinanzierung zu bestimmen, wird jede Refinanzierungsquelle mit einem ASF-Faktor (*Available Stable Funding*) gewichtet, der den Stabilitätsgrad der Refinanzierung widerspiegelt und zwischen null Prozent (vollständig instabil) und 100 Prozent (vollständig stabil) variiert. Mit einem ASF-Faktor von 100 Prozent werden neben dem Eigenkapital alle Verbindlichkeiten gewichtet, die eine effektive Restlaufzeit von mindestens einem Jahr haben und die keine Optionen beinhalten, die es dem Gläubiger ermöglichen, die Restlaufzeit auf weniger als ein Jahr zu verkürzen. Bei Verbindlichkeiten mit einer Restlaufzeit von weniger als einem Jahr wird unterschieden in stabile und weniger stabile Einlagen von Privatkunden und Kleinunternehmen (ASF-Faktor von 90 % bzw. 80 %) sowie in unbesicherte Mittel, die von Großkunden zur Verfügung gestellt werden (50 %). Verbindlichkeiten gegenüber Banken mit einer effektiven Restlaufzeit von einem Jahr werden aufgrund der Erfahrungen in der Finanzmarktkrise als instabile Finanzierungsquelle angesehen und daher mit einem ASF-Faktor von Null gewichtet.

Der erforderliche Betrag an Finanzierungsmitteln, die als stabil klassifiziert werden, wird ermittelt, indem jede Aktivposition mit einem RSF-Faktor (*Required Stable Funding*) multipliziert wird. Dieser ist umso höher, je geringer die Liquidität einer Position ist. Der RSF-Faktor kann somit als derjenige Prozentsatz interpretiert werden, der in einer Stresssituation nicht liquidiert oder beliehen werden kann.[12] Entscheidend für die Liquidierbarkeit einer Aktivposition ist neben der Restlaufzeit die Marktgängigkeit und Wertbeständigkeit. Dementsprechend werden neben den Barbeständen kurzlaufende Wertpapiere mit einem RSF-Faktor von Null gewichtet. Mit einem geringen RSF-Faktor gewichtet werden Anleihen von bonitätsmäßig erstklassigen Emittenten. Als weitgehend illiquide gelten Kredite an Privatkunden und Kleinunternehmen, auch wenn sie nur eine kurze Restlaufzeit haben. Kredite mit einer Laufzeit von mehr als einem Jahr werden zu 100 Prozent angerechnet. Sie müssen somit in voller Höhe durch eine stabile Refinanzierung gedeckt sein. Dasselbe gilt für Anleihen und Aktien, die von Banken emittiert wurden. Alle Wertpapiere und Kredite werden nur dann mit einem RSF-Faktor von weniger als 100 Prozent gewichtet, wenn sie unbelastet sind: das heißt, wenn sie nicht Verbriefungen oder gedeckten Schuldverschreibungen zu Grunde liegen. Unwiderrufliche oder nur bedingt widerrufliche Kreditzusagen werden mit fünf Prozent gewichtet. Für andere Eventualverpflichtungen können die nationalen Aufsichtsbehörden RSF-Faktoren festlegen. Die strukturelle Liquiditätsquote soll ab 2018 eingeführt werden.

---

12 Vgl. Kaserer, C. 2010. *Vor- und Nachteile der Änderungsvorschläge zu Basel III*. München: S. 45.

3 Reform der Einlagensicherung

Die Systeme, die dazu dienen, die Sicherheit der Kundeneinlagen zu gewährleisten, haben im Verlauf der Finanzmarktkrise deutliche Schwächen offenbart. Die Deckungssummen waren in einigen Ländern, wie zum Beispiel in Großbritannien, zu niedrig. Dort, wo sie ausreichend bemessen waren, wie zum Beispiel in Deutschland, kam die Einlagensicherung des privaten Bankensektors bereits nach dem ersten größeren Entschädigungsfall - nämlich der Insolvenz der deutschen Tochter von Lehman Brothers - in Schwierigkeiten und musste eine Garantie des SoFFin in Höhe von 6,7 Milliarden Euro in Anspruch nehmen. Die Mängel der Einlagensicherungssysteme zwangen die Politik zum Eingreifen; es wurden unbeschränkte staatliche Garantien für Bankeinlagen ausgesprochen.

Aufgrund dieser Erfahrungen hat die Europäische Kommission im Jahr 2010 einen Vorschlag für eine neue Einlagensicherungsrichtlinie veröffentlicht.[13] Damit soll erreicht werden:

- Schutz der Einlagen, um einen Ansturm auf eine Bank, persönliche Härten und eine Belastung der sozialen Sicherungssysteme zu vermeiden.
- Stärkung des Vertrauens der Einleger zur Stabilisierung des Finanzsystems und eine effektivere Aufsicht über international aktive Banken
- Integration des europäischen Binnenmarktes
- Faire Wettbewerbsbedingungen zwischen den Banken mit Sitz in der EU
- Banken sollen von Einlagensicherungssystemen unbehindert Geschäftsaktivitäten in der EU aufnehmen können.

Die Kernpunkte des Vorschlags für eine neue Einlagensicherungsrichtlinie sind:

- Vereinfachung und Harmonisierung des Deckungsumfangs. Einlagen bis zu einer Höhe von 100.000 Euro sollen abgesichert werden. Dies ist bereits seit 2011 umgesetzt.
- Einlagen von nicht-finanziellen Unternehmen sollen abgesichert werden; ausgenommen sind also Einlagen anderer Finanzunternehmen und Einlagen von staatlichen Einheiten (zentral und regional).

---

13 Vgl. Hartmann-Wendels, T., Jäger-Ambrozewicz, M. 2010. *Bedeutung und Zukunftsfähigkeit von Institutssicherungssystemen*. Köln.

- Die Auszahlung im Entschädigungsfall soll innerhalb von sieben Tagen erfolgen.
- Die Einlagensicherungssysteme sollen einen Fonds in Höhe von 1,5 Prozent der jeweils anspruchsberechtigten Einlagen ansammeln. Ex-post – das heißt im Entschädigungsfall – sollen zusätzlich 0,5 Prozent erhoben werden können. In diesem Sinn sollen drei Viertel ex-ante finanziert sein. Die Kommission gibt den Sicherungssystemen für die Ansparphase zehn Jahre Zeit. Inzwischen erscheint es möglich, dass die Zielausstattung niedriger ausfallen wird, möglicherweise bei einem Prozent liegt. Auch eine längere Aufbauphase des Fonds, die fünfzehn Jahre umfasst, wird erwogen.
- Die Beiträge zum Einlagensicherungssystem sollen vom Einlagenvolumen einer Bank und von deren Risikosituation abhängig sein.
- Ursprünglich war im Richtlinienvorschlag vorgesehen, dass die Mittel des Sicherungsfonds vorrangig für die Entschädigung der Einleger verausgabt werden müssen. Verhindert werden sollte, dass auch die nicht versicherten Gläubiger Vorteile aus der Einlagensicherung erhalten. Eine solche Regelung wäre nur schwer mit der Zielsetzung der Institutssicherungssysteme der Sparkassen und genossenschaftlichen Kreditinstitute vereinbar gewesen. Institutssicherungssysteme zielen darauf ab, in Schieflage geratene Mitgliedsinstitute zu sanieren, um so den Entschädigungsfall gar nicht erst eintreten zu lassen. Davon profitieren alle Gläubiger, unabhängig davon, ob sie zum Kreis der gesicherten Gläubiger gehören oder nicht. Inzwischen wurde ein Kompromiss gefunden, der die besondere Situation der Sparkassen und Kreditgenossenschaften berücksichtigt.
- Einlagensicherungssysteme, die ihre Verpflichtungen nicht erfüllen können, sollen sich zunächst Mittel durch eine Kreditaufnahme bei anderen Einlagensicherungssystemen beschaffen, bevor auf staatliche Hilfe zurückgegriffen wird.

Sollten sich die ursprünglichen Vorstellungen der EU-Kommission durchsetzen, müssten die Beiträge zur Einlagensicherung deutlich erhöht werden. Angestrebt wird, dass die jährlichen Beiträge bis zur Erreichung von einem Prozent der erstattungsfähigen Einlagen 0,25 Prozent der erstattungsfähigen Einlagen nicht unterschreiten sollen.

Während unmittelbar nach Ausbruch der Finanzmarktkrise ein möglichst umfangreicher Schutz der Sparer im Mittelpunkt der Reformbemühungen stand, sieht man nun – nicht zuletzt durch die Zypernkrise bedingt – auch die

Probleme, die ein weitgehender Schutz der Einlagen mit sich bringt: Sparer, die auf die Einlagensicherung vertrauen, legen ihr Geld dort an, wo sie die höchsten Zinsen erhalten – ohne auf die Risiken zu achten, die die Bank eingeht. Für eine Bank wiederum gibt es einen Anreiz, durch hohe Zinsen Einlagen anzulocken und diese dann in Anlagen mit hohen Ertragschancen, aber auch hohen Risiken zu investieren. Erweisen sich die Finanzinvestitionen der Bank als ertragreich, erzielt die Bank üppige Gewinne und die Sparer erhalten hohe Zinsen. Gehen die Investitionen schief, muss die Einlagensicherung einspringen. Die Koalition von Banken und Sparern zulasten der Einlagensicherung hebelt letztlich die Stabilität des Finanzsystems aus. Daher gibt es Bestrebungen, für Einlagen über 100.000 Euro keine Gewährleistung mehr zu übernehmen. Anders als bei Kleinsparern kann man von Anlegern, die hohe Beträge bei Banken anlegen, erwarten, dass sie sich über die Risiken der Banken informieren und somit ein Stück Selbstverantwortung übernehmen.

4 Novellierungen der MaRisk

Die Mindestanforderungen an das Risikomanagement wurden als Reaktion auf die Finanzmarktkrise dreimal überarbeitet.[14] Verschärft wurden sowohl die allgemeinen Anforderungen an das Risikomanagement als auch die speziellen Vorschriften über die Durchführung von Stresstests, über den Umgang mit Risikokonzentrationen und über vorzuhaltende Liquiditätspuffer.

In den allgemeinen Anforderungen zur Ausgestaltung des Risikomanagements wird die Existenz einer Risikoinventur als Basis für die Erstellung des Gesamtrisikoprofils vorgeschrieben. Weiterhin müssen Risikotragfähigkeit sowie Risiko- und Geschäftsstrategie miteinander verzahnt werden – ebenso wie

---

14 Vgl. BaFin. 2009. Mindestanforderungen an das Risikomanagement. Rundschreiben 15/2009; BaFin. 2010. Mindestanforderungen an das Risikomanagement. Rundschreiben 11/2010; BaFin. 2012. Mindestanforderungen an das Risikomanagement. Rundschreiben 10/2012; Angermüller, N.O., Ramke, T. (2010) Novellierung der MaRisk – Neues zu Liquiditätsrisiken. *Zeitschrift für das gesamte Kreditwesen* 64 (10): 486-488.

strategische Ziele und operative Entscheidungen.[15] Risikokonzentrationen muss künftig verstärkte Aufmerksamkeit gewidmet werden; und zwar sowohl Risikokonzentrationen gegenüber Einzeladressen als auch Konzentrationen, die sich durch das Zusammenwirken von wesentlichen Risikotreibern auf verschiedene Risikoarten ergeben. In den regelmäßig durchzuführenden Stresstests müssen solche Risikokonzentrationen explizit berücksichtigt werden. Darüber hinaus wurden die Anforderungen an die Stresstests auch in anderen Aspekten deutlich verschärft: So müssen die Auswirkungen eines schweren konjunkturellen Abschwungs analysiert werden und sogenannte inverse Stresstests durchgeführt werden. Bei einem inversen Stresstest werden nicht die Auswirkungen einer vorgegebenen Stresssituation auf Solvenz und Liquidität der Bank untersucht, sondern es wird nach einem Szenario gesucht, das geeignet ist, das Überleben der Bank ernsthaft zu gefährden. Der Nachweis der Risikotragfähigkeit muss durch eine Planung der Eigenkapitalausstattung für die nächsten Jahre ergänzt werden. Damit soll möglichst frühzeitig ein künftiger Kapitalbedarf aufgedeckt werden.

Die neuen Anforderungen an das Management von Liquiditätsrisiken betreffen vor allem kapitalmarktorientierte Banken. Diese müssen künftig ein kombiniertes Stressszenario, bestehend aus institutseigenen und marktweiten Ursachen betrachten, das der Situation, die in der künftigen Mindestliquiditätsquote nach Basel III unterstellt wird, sehr ähnelt. Damit werden für kapitalmarktorientierte Banken wesentliche Teile der Liquiditätsvorschriften von Basel III, die erst 2015 umgesetzt werden müssen, bereits schon Ende 2011 wirksam.

Besondere Bedeutung kommt künftig der *Compliance* zu. Hierbei geht es darum, Verfahren zu installieren, die geeignet sind, rechtliche Regelungen und Vorgaben zu identifizieren, deren Nichteinhaltung zu einer Gefährdung des Vermögens einer Bank führen können.

---

15 Vgl. Benölken, H., Blütchen, A. 2011. Strategie-Fitness im Zeichen der „neuen" MaRisk. *Zeitschrift für das gesamte Kreditwesen* 64 (10): 508-510.

5 Bankenrestrukturierungsgesetz, Bankenabgabe und Sanierungsplanung

5.1 Bankenrestrukturierungsgesetz

Im Dezember 2009 wurde das Bankenrestrukturierungsgesetz[16] verabschiedet. Hintergrund ist die Erkenntnis, dass systemrelevante Banken nicht im Rahmen eines normalen Insolvenzverfahrens abgewickelt werden können, sondern dass es spezieller Vorschriften bedarf, um ein Insolvenzverfahren für diese Banken durchzuführen, ohne dass der Staat massive finanzielle Unterstützung gewähren muss. Das Bankenrestrukturierungsgesetz sieht ein zweigliedriges Verfahren vor. Die erste Stufe ist das Sanierungsverfahren, das weit im Vorfeld einer Insolvenz greifen soll. Eingeleitet wird das Verfahren ausschließlich auf Initiative des betroffenen Kreditinstituts. Dieses zeigt seine Sanierungsbedürftigkeit bei der Bundesanstalt für Finanzdienstleistungsaufsicht (BaFin) an, schlägt einen Sanierungsberater vor und legt einen Sanierungsplan vor. Die BaFin überprüft die Voraussetzungen für die Eröffnung des Sanierungsverfahrens und lässt den Sanierungsplan und den Sanierungsberater gerichtlich bestätigen. Der Sanierungsplan darf weder in die Rechte von Gläubigern noch von Anteilseignern des Kreditinstituts eingreifen. Möglich ist aber die Aufnahme insolvenzrechtlich vorrangiger Darlehen durch die Bank. Der Sanierungsberater ist der Geschäftsführung gegenüber weisungsbefugt. Er hat das Recht, die Bücher einzusehen und Sonderprüfungen anzuordnen. Ist die Sanierung erfolgreich, wird das Verfahren durch Gerichtsbeschluss beendet.

Scheitert die Sanierung oder erscheint diese von vornherein aussichtslos, greift das Reorganisationsverfahren. Voraussetzungen hierfür sind Systemrelevanz und Bestandsgefährdung eines Instituts. Das Vorliegen dieser Voraussetzungen sowie die Zulässigkeit des Reorganisationsplans werden gerichtlich geprüft. Wird beides nicht gerichtlich zurückgewiesen, tritt der Reorganisationsplan in Kraft und der Reorganisationsberater kann seine Arbeit aufnehmen. Im Gegensatz zum Sanierungsplan kann der Reorganisationsplan in die Rechte der

---

16 Gesetz zur Restrukturierung und geordneten Abwicklung von Kreditinstituten, zur Errichtung eines Restrukturierungsfonds für Kreditinstitute und zur Verlängerung der Verjährungsfrist der aktienrechtlichen Organhaftung (Restrukturierungsgesetz).

Gläubiger und Anteilseigner eingreifen. Im Rahmen des Reorganisationsverfahrens können Vermögensteile des Instituts auf eine private Bank oder auf eine staatliche Brückenbank übertragen werden. Weiterhin können Forderungstitel in Anteilstitel umgewandelt werden, allerdings nicht gegen den Willen der Gläubiger. Darüber hinaus kann der Reorganisationsplan eine Kürzung oder Stundung von Forderungen, die nicht durch die Einlagensicherung abgedeckt sind, eine Kapitalherabsetzung bzw. Kapitalerhöhung sowie den Ausschluss von Bezugsrechten vorsehen. Den Anteilseignern ist gegebenenfalls eine angemessene Entschädigung zu leisten.

Das Bankenrestrukturierungsgesetz erweitert die Befugnisse der Bankenaufsicht. So kann die BaFin weit im Vorfeld einer Insolvenz Sanierungsmaßnahmen erzwingen und sie kann im Reorganisationsverfahren auch ohne Zustimmung der Eigentümer Maßnahmen zur Stabilisierung der Bank durchsetzen.

5.2 Bankenabgabe

Parallel zu der Bankenrestrukturierung wurde beschlossen, einen Restrukturierungsfonds aufzubauen, der 70 Milliarden Euro betragen soll, und der aus den Mitgliedsbeiträgen der Banken gespeist werden soll. Die Mittel können eingesetzt werden für die Gründung eines Brückeninstituts sowie für den Anteilserwerb an einem solchen Institut, für die Gewährung von Garantien und für die Rekapitalisierung eines Brückeninstituts. Verwaltet wird der Fonds durch die Bundesanstalt für Finanzmarktstabilisierung. Die Beitragshöhe zum Restrukturierungsfonds hängt von der Institutsgröße, dem Geschäftsvolumen und von der Vernetzung im Finanzmarkt ab. Diese Kriterien werden anhand von zwei bilanziellen Beitragskomponenten gemessen:

1. Die Höhe der Passiva abzüglich
   - der Verbindlichkeiten gegenüber Kunden mit Ausnahme der Verbindlichkeiten gegenüber juristischen Personen, an denen die Bank eine Beteiligung hält;
   - des Genussrechtskapitals, sofern es nicht vor Ablauf von zwei Jahren fällig wird;
   - des Fonds für allgemeine Bankrisiken;

- des Eigenkapitals.
2. Die Höhe des Nominalvolumens der Derivate.

Die um einen Freibetrag in Höhe von 300 Millionen Euro gekürzte Beitragskomponente Passiva wird mit einem Beitragssatz multipliziert, dessen Höhe mit dem Betrag der Bemessungsgrundlage in fünf Stufen ansteigt. Die Summe der Produkte aus Beitragssatz und Bemessungsgrundlage ergibt die Bankenabgabe für die Beitragskomponente Passiva.

Die Bankenabgabe für die Beitragskomponente Derivate ergibt sich durch Multiplikation des Nominalvolumens der noch nicht abgewickelten Derivategeschäfte mit dem Faktor 0,000003. Zusätzlich können bei Bedarf Sonderbeiträge erhoben werden.

Die Bemessungsgrundlage Passiva besteht somit vorrangig aus Interbankenverbindlichkeiten, verbrieften Verbindlichkeiten, Handelspassiva und nachrangigen Verbindlichkeiten. Mit der Einbeziehung der Interbankenverbindlichkeiten wird dem Aspekt der Vernetzung Rechnung getragen. In der Finanzmarktkrise hat sich gezeigt, dass von dem Interbankenmarkt ein systemisches Risiko ausgeht. Mit den Handelspassiva und den verbrieften Verbindlichkeiten wird die kapitalmarktnahe Refinanzierung in die Bemessung der Bankenabgabe einbezogen. Kundeneinlagen dagegen werden nicht in die Bemessungsgrundlage einbezogen. Diese haben sich in der Finanzmarktkrise auch eher als ein stabilisierender Faktor erwiesen. Die Beitragskomponente Derivate errechnet sich aus dem Nominalbetrag der Termingeschäfte, *Swaps* und Optionen. Erfasst werden Derivate, die sich auf Fremdwährungs-, Edelmetall-, Zinsänderungs- und sonstige Risiken, wie zum Beispiel Aktienkursrisiken, beziehen.

Ordnungspolitisch lässt sich die Bankenabgabe mit dem Argument rechtfertigen, dass das systemische Risiko volkswirtschaftliche Kosten verursacht, die das Bankmanagement in seinen Entscheidungen nicht berücksichtigt. Eine Abgabe der Banken, die an dem Ausmaß des systemischen Risikos einer Bank orientiert ist, ist daher grundsätzlich geeignet, diesen externen Effekt zu internalisieren. Daneben können durch eine Bankenabgabe auch Wettbewerbsverzerrungen korrigiert werden: Besteht die Erwartung, dass ein Institut aufgrund seiner Systemrelevanz durch staatliche Stützungsmaßnahmen gerettet wird, wird das Ausfallrisiko des Fremdkapitals niedriger eingeschätzt, als es der Risikosituation der Bank ohne die Erwartung staatlicher Stützungsmaßnahmen entspricht. Dies ermöglicht es einem systemrelevanten Institut, sich zu günstigeren Konditionen zu refinanzieren, als es seiner eigenständigen Bonität entspräche und verstärkt die Anreize, zusätzliche Risiken einzugehen. Von diesen externen Effekten kann ein Kreditinstitut, das als nicht systemrelevant angesehen wird, nicht profitieren.

Inzwischen wird die Abwicklung systemrelevanter Banken vor allem auf europäischer Ebene vorangetrieben. Mittel aus dem Europäischen Stabilitätsmechanismus sollen hierzu eingesetzt werden können, wenn es eine europäische Bankenaufsicht gibt.

5.3 Sanierungsplanung

Die Sanierung beziehungsweise Abwicklung eines systemrelevanten Instituts ist ein komplexer Vorgang, der viel Zeit erfordert, die man aber nicht hat, wenn man nicht zugleich die Stabilität des Finanzsystems gefährden will. Systemrelevante Institute sollen daher ihrer „eigenen Testamente" (*„Living Wills"*) schreiben, in denen detailliert beschrieben wird, wie eine Sanierung beziehungsweise Abwicklung durchgeführt werden soll und welche Dinge dabei zu beachten sind. Die Bundesanstalt für die Finanzdienstleistungsaufsicht erarbeitet zurzeit Grundsätze für die Aufstellung von Sanierungs- bzw. Abwicklungsplänen (Mindestanforderungen an die Sanierungsplanung, MaSan[17]). Ein Sanierungsplan muss demnach in einer strategischen Analyse die Unternehmensstruktur mit den wesentlichen Geschäftsaktivitäten und den Vernetzungen enthalten. Es sollen alle Handlungsoptionen, die geeignet sind, die Finanzstärke im Krisenfall wiederherzustellen aufgezeigt werden, im Rahmen einer Belastungsanalyse soll ermittelt werden, welche Risiken für das Institut gefährlich werden können und auf dieser Grundlage sollen Sanierungsindikatoren festgelegt werden, die es der Bank ermöglichen, rechtzeitig geeignete Handlungsoptionen einzuleiten.

---

17 Vgl. BaFin. 2012. Konsultation 12/2012. Entwurfs eines Rundschreibens zu Mindestanforderungen an die Ausgestaltung von Sanierungsplänen.

6 Finanztransaktionssteuer

Seit Ausbruch der Finanzmarktkrise wurde immer wieder die Einführung einer Steuer auf Finanzmarkttransaktionen gefordert, die alle Arten von Finanzinstrumenten einbezieht. Die Finanztransaktionssteuer soll nach den Vorstellungen der EU-Kommission eine supranational erhobene Steuer sein. Ein international abgestimmtes Verhalten erscheint alleine deshalb notwendig, um verhindern zu können, dass Finanzmarkttransaktionen in solche Länder abwandern, die keine oder eine geringere Steuer erheben.

Mit der Einführung einer Finanztransaktionssteuer wird sowohl eine fiskalische als auch eine Lenkungswirkung bezweckt. Aus fiskalischer Sicht wird argumentiert, dass der Finanzsektor einen seiner Bedeutung entsprechenden Beitrag zur Finanzierung des Gemeinwesens leisten müsse. Die Finanzakteure hätten in der Finanz- und Wirtschaftskrise von staatlichen Rettungsmaßnahmen profitiert, so dass es gerechtfertigt sei, den Finanzsektor an den durch ihn verursachten Kosten zu beteiligen.[18]

Daneben wird mit der Einführung einer Transaktionssteuer auch eine Lenkungswirkung beabsichtigt. Es geht darum, kurzfristige und rein spekulative Transaktionen einzudämmen, um so die Stabilität des Finanzsektors zu erhöhen. Behauptet wird, dass vor allem der kurzfristig orientierte Handel die Volatilität der Preise erhöht und die Marktpreise sich dauerhaft von ihren Fundamentalwerten entfernen.[19]

Am 22. Januar 2013 beschloss der Rat der EU-Finanz- und Wirtschaftsminister in Brüssel, dass die elf Staaten Deutschland, Frankreich, Österreich, Belgien, Estland, Griechenland, Italien, Spanien, Portugal, Slowakei und Slowenien die Finanztransaktionssteuer einführen dürfen. Die Finanztransaktionsteuer soll möglichst alle Finanzinstrumente erfassen und eine breite Bemessungsgrundlage mit einem niedrigen Steuersatz haben und damit nicht nur die Finanztrans-

---

18 So ein Antrag der SPD-Fraktion im Bundestag im Juni 2011. Vgl. Deutscher Bundestag, 17. Wahl-Periode, Drucksache 17/6086.
19 Vgl. Schulmeister, S., Schratzenstaller, M., Picek, O. 2008. *A general financial transaction tax, motives, revenues, feasibility and effects*. Wien: Österreichisches Institut für Wirtschaftsforschung. S. 2.

aktionen an Börsen und regulierten Handelsplattformen, sondern auch die außerbörslich getätigten Geschäfte einbeziehen.

7 Systemische Risiken

Die Finanzmarktkrise hat gezeigt, dass die bisherigen Regulierungsvorschriften nicht ausreichen, um das systemische Risiko wirksam zu begrenzen. Bis zur Finanzmarktkrise war die Bankenregulierung von der Vorstellung geprägt, dass die Beaufsichtigung jedes einzelnen Instituts (mikroprudenzielle Aufsicht) zugleich auch die Sicherheit des gesamten Finanzsystems sicherstellt. Durch die Finanzmarktkrise wurde offensichtlich, dass zur Begrenzung systemischer Risiken neue Instrumente und neue Institutionen notwendig sind. So wurde der Europäische Rat für Systemrisiken geschaffen, der der Europäischen Zentralbank angegliedert wurde und sich Fragen der makroprudenziellen Aufsicht widmen soll. Auch in den neuen Regulierungsvorschriften ist eine Reihe von Regelungen enthalten, die das systemische Risiko adressieren. So sollen systemrelevante Banken künftig einen zusätzlichen Kapitalpuffer aufbauen und auch bei der Bemessung der Bankenabgabe wird durch einen progressiv steigenden Abgabesatz das systemische Risiko, das von großen Banken ausgeht, berücksichtigt. Interbankenforderungen beziehungsweise -verbindlichkeiten werden künftig ebenfalls zu einer höheren Eigenmittelunterlegung, zu einer höheren Bankenabgabe und zu einer höheren Liquiditätsreservehaltung führen. Um die prozyklische Wirkung von Eigenkapitalunterlegungsvorschriften abzumildern, wird es künftig einen antizyklischen Kapitalpuffer geben, der in wirtschaftlich guten Jahren aufgebaut und in rezessiven Phasen abgebaut werden kann.

Die bisherigen Maßnahmen zur Begrenzung systemischer Risiken erscheinen auf den ersten Blick durchaus sachgerecht. Sie beruhen aber nicht auf den Ergebnissen wissenschaftlicher Forschung, sondern sind eher als Ad-hoc-Heuristik anzusehen. Im Gegensatz zur mikroprudenziellen Bankenaufsicht mangelt es bei der makroprudenziellen Bankenaufsicht an Erfahrung mit bisherigen Regelungen. In der wissenschaftlichen Forschung sind in jüngster Zeit einige Ansätze entstanden, die sich mit der Messung und Regulierung systemischer Risiken beschäftigen.

7.1 Prozyklizität

An dem Regelwerk Basel II wurde häufig kritisiert, dass es prozyklisch wirke: Bei einem wirtschaftlichen Abschwung sinkt die Bonität der Kreditnehmer und es steigen die Kreditausfälle. Dies führt bei einer Eigenmittelunterlegung, die vom Risiko der Aktiva abhängt, zu einer steigenden Eigenkapitalanforderung. Da die Banken in Krisenzeiten kaum in der Lage sein werden, den gestiegenen Eigenkapitalbedarf durch Gewinnthesaurierung beziehungsweise durch Aufnahme neuen Eigenkapitals zu befriedigen, werden sie gezwungen sein, die Kreditvergabe einzuschränken. Ein Rückgang der Kredite bedeutet, dass weniger Investitionen finanziert werden können, wodurch Wachstum und Beschäftigung nochmals sinken. Um diese Abwärtsspirale zu durchbrechen, sieht Basel III einen antizyklischen Kapitalpuffer vor, der in guten Zeiten aufgebaut und in Abschwungphasen abgeschmolzen werden kann. Die vermutete prozyklische Wirkung von Basel II unterstellt allerdings ein kurzsichtiges Verhalten von Banken, bei dem die Eigenkapitalausstattung stets knapp über dem regulatorischen Minimum liegt. Wenn dies gegeben ist, können die Banken auf krisenhafte Entwicklungen nicht anders als mit einer Kürzung des Kreditvolumens reagieren. Demgegenüber wäre zu vermuten, dass die Banken sich auf schwankende Eigenmittelanforderungen einstellen, indem sie aus eigenem Interesse heraus einen Kapitalpuffer aufbauen, auf den sie in schwierigen Zeiten zurückgreifen können. Hinzu kommt, dass die ökonomischen Kapitalanforderungen für Kreditrisiken häufig höher sind als die regulatorischen Anforderungen, so dass Schwankungen in den regulatorischen Kapitalanforderungen irrelevant sind.

Aus ökonomischer Sicht ähnelt das Problem der optimalen Eigenkapitalunterlegung dem klassischen Lagerhaltungsproblem: Ist die Eigenkapitalausstattung zu gering, riskiert die Bank, dass sie die regulatorische Mindestanforderung nicht erfüllt. Die Folge ist, dass die Bank von der Bankenaufsicht geschlossen wird, was mit erheblichen Kosten verbunden ist. Ist die Eigenkapitalausstattung sehr hoch, ist zwar das Risiko, dass die regulatorischen Vorgaben nicht erfüllt werden, gering, dafür führt der höhere Eigenkapitalanteil aber zu höheren Kapitalkosten. Die Bestimmung der optimalen Eigenkapitalausstattung führt auf ein dynamisches Optimierungsproblem, das nur numerisch mit Hilfe von Simulationen gelöst werden kann. Heid und Krüger[20] leiten im Rahmen einer umfangreichen Simulationsstudie die optimale Eigenkapitalausstattung für unterschiedliche regulatorische Szenarien ab. Die Hauptergebnisse sind: Im Optimum halten Banken einen erheblichen Sicherheitsabstand zu der geforderten Mindestkapitalausstattung ein, dieser Puffer ist aber nicht groß genug, um jegliche Schwankungen der Mindestkapitalanforderungen auszugleichen. Die Schwankungen in der Kreditvergabebereitschaft der Banken nehmen zu, wenn die Mindestkapitalanforderung wie bei Basel II risikosensitiv ist.

7.2 Ansteckungsrisiken

Schieflagen einer Bank können sich sehr schnell über den Interbankenmarkt auf andere Banken ausbreiten. Dies liegt daran, dass die Kredite, die Banken sich untereinander gewähren, häufig großvolumig und teilweise unbesichert sind, so dass der Ausfall einer Bank andere Gläubigerbanken in Schwierigkeiten bringen kann. Memmel, Sachs und Stein[21] analysieren im Rahmen einer empirischen Untersuchung, wie sich der Ausfall eines Instituts auf andere Banken auswirkt. Aus den Daten des Kreditregisters der Deutschen Bundesbank erstellen sie eine Matrix der gegenseitigen Kreditbeziehungen für fünfzehn systemrelevante Banken in Deutschland. Auf der Basis dieses Datensatzes simulieren sie den Ausfall eines Kreditinstituts und prüfen, ob hierdurch Verluste bei anderen Instituten anfallen, die so hoch sind, dass diese Institute selbst in Schwierigkeiten geraten. Dieser Ansteckungsprozess setzt sich so lange fort, bis in einer Runde keine weiteren Ausfälle eintreten. Die wichtigsten Ergebnisse der Simulation sind: Die empirische Häufigkeitsverteilung der Verlustrate verläuft U-förmig. Das heißt, bei den meisten Insolvenzfällen tritt entweder kein oder ein sehr hoher Verlust auf; mittlere Verlustquoten sind dagegen eher selten. Dieses Ergebnis zeigt sich auch in zahlreichen anderen empirischen Studien zu der Verteilung von Verlustquoten. Wird bei der Simulation – was in anderen Studien häufig der Fall ist –

---

20 Heid, F., Krüger, U. 2011. Do capital buffers mitigate volatility in bank lending? Bundesbank Discussion Paper Series 2, Nr. 03 Banking and Financial Studies.
21 Memmel, C., Sachs, A., Stein, I. 2011. Contagion at the interbank market with stochastic LGD. Bundesbank Discussion Paper Series 2, Nr. 06 Banking and Financial Studies.

zur Vereinfachung eine konstante Verlustrate unterstellt, so sind die Ansteckungsgefahren relativ gering. Sie werden dagegen deutlich größer, wenn die Höhe der Verlustrate unsicher ist. Studien, die von einer konstanten Verlustrate ausgehen, unterschätzen damit das Ansteckungsrisiko. Die in die Untersuchung einbezogenen Banken können hinsichtlich ihrer Ansteckungsrisiken in drei Gruppen eingeteilt werden: Es gibt Banken, bei denen der Anteil der Interbankenverbindlichkeiten an den Passiva so gering ist, dass selbst unter ungünstigen Umständen keine anderen Banken in Mitleidenschaft gezogen werden. Eine weitere Gruppe bilden Banken, deren Insolvenz unabhängig von der Ausprägung des jeweiligen Zufallspfads der Simulation eine relativ konstante Anzahl anderer Banken in Schwierigkeiten bringt. Schließlich gibt es auch Banken, deren Ausfall zu Ansteckungseffekten führt, die weitgehend abhängig davon sind, welche spezielle Situation vorliegt.

7.3 Messung des systemischen Risikos einer Bank

Will man die externen Kosten, die in einer Finanzkrise dem Steuerzahler auferlegt werden, auf die Banken verursachungsgerecht zurückverlagern, so muss man das Ausmaß, in dem eine einzelne Bank zum systemischen Risiko beiträgt, messen. Zwei verschiedene regulatorische Instrumente wurden eingeführt, um die Banken an den Kosten des systemischen Risikos zu beteiligen: Zum einen wird im Rahmen von Basel III ein Zuschlag zu den regulatorischen Mindestkapitalanforderungen erhoben, der auf dem Beitrag des Instituts zum systemischen Risiko basieren soll. Zum anderen wurde eine Bankenabgabe eingeführt, die in einen Abwicklungs- oder Stabilisierungsfonds eingezahlt wird.

    Düllmann und Puzanova[22] entwickeln eine Methodik zur Bestimmung des systemischen Risikobeitrags von Banken und zeigen darüber hinaus beispielhaft auf, wie ein Kapitalzuschlags beziehungsweise eine Bankenabgabe ausgestaltet werden sollte. Um das systemische Risiko zu messen, wird ein Kreditportfolioansatz gewählt, der von zahlreichen Banken für die interne Steuerung des Kre-

---

22 Düllmann, K., Puzanova, N. 2011. Systemic risk contributions: a credit portfolio approach. Bundesbank Discussion Paper Series 2, Nr. 08 Banking and Financial Studies.

ditrisikos auf Institutsebene verwendet wird. Ein Hauptvorteil dieses Ansatzes besteht darin, dass er nicht nur die relative Größe und das individuelle Ausfallrisiko einer Bank berücksichtigt, sondern auch Abhängigkeiten zwischen den Banken erfasst. Die Korrelationsstruktur wird dabei in einem Mehrfaktorenmodell der Firmenwertrenditen der Banken in Abhängigkeit gemeinsamer Risikofaktoren erfasst. Die dazu benötigten Firmenwerte werden aus Aktienkursen von börsengehandelten Unternehmen ermittelt. Die vorgeschlagene Modellierungsmethode kann grundsätzlich auf nicht-börsennotierte Banken ausgedehnt werden, allerdings müssen dann die individuellen Ausfallwahrscheinlichkeiten und *Exposures* gegenüber den gemeinsamen Risikofaktoren anhand von nicht marktpreisbasierten Informationen geschätzt werden. Um den Beitrag jedes einzelnen Instituts zum systemweiten Risiko zu bemessen, wird der marginale Risikobeitrag einer Bank ermittelt. Eine wichtige der verwendeten Methode ist, dass das Gesamtrisiko sich additiv aus den Risikobeiträgen der einzelnen Banken zusammensetzt.

Zu illustrativen Zwecken wird die vorgeschlagene Methodik für ein Portfolio, bestehend aus großen, international tätigen Banken, angewendet. Große Finanzhäuser tragen tendenziell mehr zum systemischen Risiko bei als kleinere Institute, allerdings ist die funktionale Beziehung zwischen der relativen Größe eines Instituts und seinem Risikobeitrag nichtlinear und portfolioabhängig. Deshalb sollte die Firmengröße nicht allein als Maßstab für die systemische Relevanz betrachtet werden. Im Rahmen des vorgeschlagenen Ansatzes wird der zeitliche Verlauf des systemischen Risikos im Wesentlichen durch die gleichgerichtete Entwicklung der Ausfallwahrscheinlichkeiten im Bankensektor bestimmt. Diese kann sich prozyklisch verhalten, wenn marktbasierte Informationen zur Schätzung herangezogen werden. Um der möglichen Prozyklizität von regulatorischen Instrumenten, die auf dem vorgeschlagenen Maß des systemischen Risikos basieren, entgegenzusteuern, wird ein zeitvariierendes regulatorisches Konfidenzniveau bei der Berechnung des systemweiten Risikos verwendet.

Der Ansatz von Jäger-Amrozewicz[23] zur Messung systemischer Risiken knüpft an der gemeinsamen Verlustverteilung aller Banken an. Dieser auf Adri-

---

23 Vgl. Jäger-Ambrozewicz, M. 2011. *Measuring systemic risk - easy and difficult!* Cologne.

an und Brunnermeier[24] zurückgehende Ansatz misst das systemische Risiko einer Bank, indem der *Value at Risk* des gesamten Finanzsystems ohne die betreffende Bank unter der Bedingung, dass diese Bank ihren *VaR* getroffen hat, berechnet wird. Dementsprechend wird nach dem Risiko des Systems gefragt, wenn eine bestimmte Bank gestresst ist. Die umgekehrte Perspektive kann ebenfalls eingenommen werden: Angenommen das Finanzsystem hat Verluste in Höhe des *VaR* erlitten. Wie groß ist unter dieser Bedingung der Verlust bei einer bestimmten Bank? Der *VaR* wird häufig unter der Annahme einer Normalverteilung ermittelt, um geschlossene Lösungen zu erhalten. Allerdings ist bekannt, dass Verlustverteilungen häufig nicht normalverteilt sind. Daher verwendet Jäger-Amrozewicz einen Copula-Ansatz, der realistischere Abhängigkeitsstrukturen zulässt. Entgegen der Erwartung, dass dieser Ansatz zu einem höheren Risikomaß führt, zeigt sich, dass das gemessene Risiko niedriger ausfällt. Dies ergibt das zunächst paradox erscheinende Ergebnis, dass eine realistischere Modellierung der Abhängigkeitsstrukturen zu irreführenden Ausprägungen der Risikokennziffern führen kann.

7.4 Liquiditätsrisiken

Die Finanzkrise war auf ihrem Höhepunkt vor allem eine Liquiditätskrise. Liquidität bezieht sich zum einen auf die Fähigkeit, Wertpapiere auf Märkten kurzfristig liquidieren zu können (Marktliquidität), und zum anderen auf das Zusammenspiel von Ein- und Auszahlungen (Finanzierungsliquidität). In der Finanzkrise ist die Marktliquidität teilweise schlagartig versiegt, weil Wertpapiermärkte illiquide wurden und Wertpapiere nur mit erheblichen Abschlägen veräußert werden konnten. Ursache hierfür waren Befürchtungen über mögliche Verlustrisiken, die als Folge der *Subprime*-Krise auftraten. Obwohl Finanzkrisen mit Liquiditätsproblemen in der Vergangenheit immer wieder aufgetreten sind, haben die Banken vor der jüngsten Finanzkrise die Existenz von Liquiditätskrisen ignoriert. In einem theoretischen Modell untersuchen Eder, Fecht und Pausch[25],

---

24 Adrian, T., Brunnermeier, M.K. 2010. CoVaR. Working Paper. Princeton.
25 Vgl. Eder A., Fecht, F., Pausch, T. 2011. *Banks, Markets and Financial Stability*. Frankfurt.

wie sich eine rational und vorausschauend handelnde Bank verhält, wenn sie die Möglichkeit von Liquiditätskrisen in ihre Entscheidungen mit einbezieht. In einem bankdominierten Finanzsystem halten die Banken Liquiditätspuffer, wenn die Krisenwahrscheinlichkeit eine bestimmte Grenze überschreitet, in einem marktdominierten Finanzsystem halten die Banken dagegen keine Liquiditätspuffer. Weiterhin wird untersucht, wie Zentralbanken in einer Krise eingreifen sollten. Möglich ist, dass die Zentralbank als *Lender of Last Resort* fungiert, indem sie Vermögensgegenstände einer Bank übernimmt und ihr dafür Liquidität zur Begleichung von Zahlungsverpflichtungen zur Verfügung stellt. Denkbar ist aber auch, dass die Zentralbank als *Market Maker of Last Resort* auftritt und Marktliquidität herstellt, indem sie Wertpapiere am Finanzmarkt aufkauft. Es zeigt sich, dass aus der Sicht der Sparer die Übernahme der Funktion immer besser ist als die Übernahme der *Market Maker of Last Lender of Last Resort Resort*-Funktion. Bei geringer Krisenwahrscheinlichkeit verbessert die *Lender of Last Resort*-Funktion zudem die volkswirtschaftliche Gesamtwohlfahrt. Bei größerer Krisenwahrscheinlichkeit schwächen Zentralbankinterventionen jedoch die Stabilität des Finanzsystems, wenn die Banken diese Interventionen antizipieren und darauf mit einer Reduzierung ihrer Liquiditätspuffer reagieren.

7.5 Systemische Risiken in der Realwirtschaft

Trapp und Wewel[26] zeigen, dass systemische Risiken nicht nur auf den Bankensektor beschränkt sind, sondern auch in der Realwirtschaft relevant sind. Untersucht wird das Verhalten von *Credit Default Swaps*-Prämien (CDS-Prämien), die sich auf Banken und Unternehmen aus dem realwirtschaftlichen Sektor beziehen. Aus der Höhe dieser Prämien, die für die Absicherung des Ausfallrisikos gezahlt werden, können Rückschlüsse auf die vom Markt eingeschätzte Ausfallwahrscheinlichkeit eines Unternehmens gezogen werden. Zeigt sich, dass die CDS-Prämien von Unternehmen eines Sektors gleichzeitig ansteigen, so deutet dies auf die Existenz systemischer Risiken hin. Trapp und Wewel kommen zu

---

26 Vgl. Trapp, M., Wewel, C. 2011. Systemic risk beyond the banking sector. Working Paper. Cologne.

dem Ergebnis, dass die Wahrscheinlichkeit von gemeinsamen stark positiven Marktbewegungen der CDS-Prämien (*Upper Tail Dependence*) bei Banken eher niedriger ist als bei realwirtschaftlichen Unternehmen desselben Sektors. Auch zwischen realwirtschaftlichen Unternehmen unterschiedlicher Sektoren ist die systemische Abhängigkeit stärker ausgeprägt als zwischen Banken und Realwirtschaft. Entscheidend für das systemische Risiko im Bankensektor sind die Abhängigkeiten der Banken, die in unterschiedlichen geographischen Regionen tätig sind. Aus diesen Ergebnissen kann man die Schlussfolgerung ziehen, dass die bisherigen Regulierungsmaßnahmen im Bankensektor beziehungsweise die Erwartung von staatlichen Stützungsmaßnahmen für angeschlagene Banken das systemische Risiko im Bankensektor gedämpft haben. Allerdings ist künftig auch zu beachten, dass systemische Risiken auch außerhalb des Bankensektors relevant sind und daher regulatorische Eingriffe notwendig sein können.

7.6 Stabilität der Finanzmärkte

Mit der zunehmenden Handelbarkeit von Finanztiteln hat die Preisbildung auf den Finanzmärkten an Bedeutung gewonnen. Preise auf den Finanzmärkten fließen in bankinterne Risikomodelle ein, die dann wiederum die Höhe der regulatorischen Eigenkapitalanforderungen bestimmen. Mit der zunehmenden Verbreitung der angelsächsisch dominierten *International Financial Reporting Standards* (IFRS) erfolgt die Bewertung von Finanztiteln in der Bilanz in immer stärkerem Maße nach dem *Fair Value Accounting*. Das heißt, aktuelle Marktpreise bestimmen die Buchwerte von Finanztiteln. Die Verwendung von Marktpreisen für Regulierung und Rechnungswesen beruht auf der Prämisse, dass Finanzmärkte allokations- und informationseffizient sind. In diesem Fall enthalten die Marktpreise alle verfügbaren Informationen über die Zukunft und senden damit die korrekten Signale für die Allokation von Gütern. Die Entwicklung in den letzten Jahren lässt jedoch Zweifel aufkommen, ob diese Idealvorstellung von der Funktionsweise der Finanzmärkte der Realität entspricht. Schulmeister et al. (2008) vertreten die Hypothese, dass die Entwicklung der Finanzmärkte sich von der Realwirtschaft abgekoppelt hat und die Finanzmarktpreise durch das Spekulationsverhalten der Marktteilnehmer bestimmt werden. Dadurch verfehlen die Marktpreise die Gleichgewichtswerte, die Verwendung von

Marktpreisen führt nicht zu einer effizienten Allokation der Ressourcen. Auch die den Finanzmärkten zugeschriebene Funktion der Risikoallokation nehmen diese nicht mehr wahr: Derivate sollen eigentlich dazu dienen, Risiken so zu verteilen, dass die Stabilität der Finanzmärkte gestärkt wird. Tatsächlich aber produzieren die Finanzmärkte die Risiken, gegen die sie eigentlich absichern sollten. Notwendig ist daher eine Stabilisierung der Märkte durch regulatorische Eingriffe in das Marktgeschehen. Ein mögliches Instrument hierzu ist die viel diskutierte Finanztransaktionssteuer, die dazu beitragen kann, die überschäumende und destabilisierend wirkende Spekulation einzudämmen.

7.7 Trennbankensystem

Mit der Finanzkrise hat die Idee von Trennbankensystemen wieder weltweit Aufwind bekommen. Die Volcker-, Vickers- oder Liikanen-Reporte empfehlen bei aller Unterschiedlichkeit im Detail eine ähnliche Zielrichtung: Das riskante Investmentbanking soll von dem Einlagengeschäft getrennt werden, um so die Einlagen der Sparer vor den Risiken des Investmentbankings abzuschirmen. Die Idee eines Trennbankensystems ist so alt wie die Bankenaufsicht selbst. Bereits das erste deutsche Bankenaufsichtsgesetz, das Hypothekenbankgesetz von 1899 sah vor, dass die Ausgabe von Pfandbriefen nur zur Refinanzierung hypothekarisch gesicherter Darlehen erlaubt ist. Später kam dann die Staatsfinanzierung als zweite erlaubte Geschäftsart hinzu. Das Ziel, das mit diesen Vorschriften verfolgt wurde, war damals wie heute dasselbe: Die Ansprüche einer Gruppe von Gläubigern – Pfandbriefgläubiger beziehungsweise Sparer – sollen geschützt werden, indem die von diesen Gläubigern aufgebrachten Gelder nur für bestimmte, als besonders risikoarm angesehene Geschäfte verwendet werden dürfen. Das Hypothekenbankgesetz enthielt hierzu eine Reihe von Vorschriften, die die Werthaltigkeit der ausgeliehenen Kredite sicherstellen sollten. Bis zur Aufhebung des Spezialbankprinzips im Jahre 2004 ist die damit verbundene Zielsetzung auch aufgegangen.

Lässt sich aus den Erfahrungen mit dem Hypothekenbankgesetz die Erkenntnis herleiten, dass ein allgemeines Trennbankensystem – bei dem Kredit- und Einlagengeschäft vom Investmentbanking getrennt werden – die Stabilität des Bankensystems erhöht? Dies kann man nur dann eindeutig bejahen, wenn das allgemeine Kreditgeschäft ähnlich sicher ist wie das Hypothekenkreditgeschäft. Im Lichte der Erfahrungen aus der Finanzmarktkrise neigt man heute dazu, das Kreditgeschäft als das risikoarme und das Investmentbanking als das riskante Bankgeschäft anzusehen. Ein Blick in die Geschichte zeigt aber, dass dem nicht so ist. Es gab und gibt Bankenkrisen, die durch das Kreditgeschäft verursacht wurden. So ist zum Beispiel die gegenwärtige Schieflage der spanischen Banken eindeutig durch Immobilienkredite verursacht worden, nicht aber durch das Investmentbanking. Darüber hinaus begibt man sich der Möglichkeit der Risikodiversifikation, wenn man die Geschäftstätigkeit der Banken beschränkt.

Zweifelhaft ist auch, ob durch die Auslagerung bestimmter Bankgeschäfte in rechtlich selbständige Einheiten die damit verbundenen Risiken wirklich isoliert werden können. Selbst wenn *Commercial* und *Investment Banking* in rechtlich völlig getrennten Einheiten durchgeführt werden, bestünde weiterhin die Gefahr, dass eine *Commercial Bank* durch die Insolvenz einer *Investment Bank* in Schieflage gerät, weil die Ansprüche aus Forderungen oder Bankschuldverschreibungen ausfallgefährdet sind.

Die Bundesregierung hat sich mit dem Gesetzentwurf zur Abschirmung von Risiken und zur Planung der Sanierung und Abwicklung von Kreditinstituten dem Trend zu einer Wiederbelebung des Trennbankensystems angeschlossen. Allerdings wird es keine vollkommen strikte Trennung geben. Vielmehr können Einlagengeschäft und Eigenhandel in zwei selbständigen Einheiten, die Teil einer Finanzholding sind, betrieben werden. Eine ähnliche Konstruktion hatten viele US-amerikanische Investmentbanken vor der Finanzmarktkrise gewählt, unter anderem auch Lehman-Brothers. Die Insolvenz der Investmentbank Lehman Brothers führte unmittelbar zum Zusammenbruch des in Deutschland beheimateten Tochterinstituts, das ein Einlagenkreditinstitut war. Dies war zugleich der größte Schadensfall für die deutsche Einlagensicherung. Von daher ist zweifelhaft, ob der Gesetzesentwurf geeignet ist, die Einlagen wirksam vor den Risiken des Eigenhandels abzuschirmen.

8 Europäische Bankenaufsicht

Die Finanzkrise hat deutlich gemacht, dass in einer globalisierten Finanzwelt eine rein national ausgerichtete Bankenaufsicht Regulierungsarbitragen, einer Umgehung von Regulierungsvorschriften, Tür und Tor öffnet. Es reicht nicht aus, weitgehend identische Regulierungsvorschriften zu haben. Es kommt auch darauf an, wie diese Vorschriften in der Bankenaufsicht konkret umgesetzt werden. Das Beispiel der Hypo Real Estate macht deutlich, dass international agierende Banken durch nationale Aufsichtsbehörden nur unzureichend kontrolliert werden können.

Umstritten war lange Zeit, ob die Europäische Bankenaufsicht für alle Kreditinstitute in der EU zuständig sein soll oder nur für große, international agierende Häuser. Für eine Unterstellung aller Banken unter eine europäische Einlagensicherung spricht, dass es keine Zwei-Klassen-Bankenaufsicht geben soll, sondern dass – nicht zuletzt aus Gründen der Wettbewerbsgleichheit – alle Institute gleichermaßen beaufsichtigt werden sollen. Andererseits gibt es Befürchtungen, dass eine zentrale europäische Aufsichtsbehörde die nationalen Besonderheiten nicht hinreichend würdigt. Dies betrifft in Deutschland vor allem die Sparkassen und Kreditgenossenschaften, die jeweils in einem Finanzverbund zusammengeschlossen sind – eine Konstruktion, die es in dieser Form in anderen Ländern nicht gibt. Das Beispiel Zypern wiederum führt uns vor Augen, dass in einer Währungsunion auch die Geschäftstätigkeit von Banken, die geographisch nur einen begrenzten Aktionsradius haben, für andere Länder relevant werden kann. Inzwischen wurde festgelegt, dass nur große Kreditinstitute unmittelbar durch die Europäische Zentralbank (EZB) kontrolliert werden sollen.

Das zweite Element einer europäischen Bankenaufsicht ist eine gemeinschaftliche Sicherungseinrichtung. Diese kann aber erst dann greifen, nachdem es eine europäische Bankenaufsicht gibt; und zwar eine Bankenaufsicht, die nicht nur auf dem Papier existiert, sondern die auch tatsächlich arbeitsfähig ist. Bei den Diskussionen um eine europäische Bankenunion, die 2012 intensiv geführt wurden, ging es nicht – oder zumindest nicht ausschließlich – um eine wirksame Bankenaufsicht, sondern um Hilfen für hoch verschuldete Staaten. Die Banken sind der größte Kreditgeber der Staaten, wobei in den letzten Jahren eine deutliche Tendenz bestand, vorrangig in die Staatsanleihen des eigenen Landes zu investieren. Die Bankenrettung kann damit leicht zum Vehikel werden für eine verdeckte Rettung überschuldeter Staaten. Dies erklärt, warum die rasche Einführung der europäischen Bankenaufsicht vor allem von den Staaten mit Verschuldungsproblemen gefordert wird.

Strittig ist, ob es sinnvoll ist, die europäische Bankenaufsicht bei der EZB anzusiedeln. Unbestritten ist, dass eine Zentralbank stets in die Bankenaufsicht involviert sein muss. Für eine effektive Geldpolitik ist die Zentralbank auf die Erkenntnisse, die bei der Aufsicht über die Banken gewonnen werden, angewiesen. Zudem kann nur eine Zentralbank die Stabilität des Finanzsystems insgesamt sicherstellen. Das heißt, die makroprudenzielle Aufsicht kann in der Regel nicht ohne die Zentralbank ausgeübt werden. Strittig ist aber, ob die Bankenaufsicht ausschließlich bei der EZB verankert sein soll. Zunächst stellt sich das Problem, dass nicht alle Länder innerhalb der Europäischen Union auch zum Euro-Währungsraum gehören. EU-Länder ohne Euro haben wesentlich geringere Mitwirkungsmöglichkeiten bei EZB. Sie werden daher möglicherweise befürchten, auf eine europäische Bankenaufsicht zu wenig Einfluss nehmen zu können.

Ein zentraler Kritikpunkt an der Übertragung der Bankenaufsicht an die EZB betrifft deren Unabhängigkeit. Hier sind zwei Aspekte zu unterscheiden. Hauptaufgabe einer Zentralbank ist die Wahrung der Geldwertstabilität. Dieses Ziel kann mit den Aufgaben einer Bankenaufsicht kollidieren. Da im Zuge einer Schieflage einer Bank auch immer die Effektivität der Bankenaufsicht in Frage gestellt wird, besteht die Gefahr, dass eine Zentralbank versuchen könnte, notleidende Banken durch die Gewährung großzügiger Liquiditätsspritzen am Leben zu erhalten. Das Beispiel Zypern hat gezeigt, dass letztlich die Zentralbank darüber entscheidet, wann eine strauchelnde Bank illiquide wird. Kurzfristig mag die Zentralbank damit akute Probleme verschleiern können, langfristig werden die Ursachen für die Schwierigkeiten einer Bank dadurch aber nicht beseitigt, so dass zu befürchten ist, dass eine Verschleppung der Ursachenbekämpfung die Probleme nur größer werden lässt. Darüber hinaus ist die großzügige Liquiditätsversorgung nicht vereinbar mit dem Ziel der Geldwertstabilität.

Eine Bankenaufsicht übt zudem hoheitliche Rechte aus. Sie kann zum Beispiel die Abberufung von Geschäftsleitern verlangen oder die Schließung und Abwicklung von Banken anordnen. Insbesondere letzteres kann erhebliche fiskalische Wirkungen haben, wenn etwa die Bankenaufsicht die Schließung einer großen systemrelevanten Bank anordnet und der Staat sich gezwungen sieht, zur Stabilisierung des Finanzsystems mit finanziellen Mitteln einzugreifen oder die Abwicklung mit Steuergeldern abzufedern. Die deutsche Bankenaufsicht untersteht aus diesem Grund der Fach- und Rechtsaufsicht des Finanzministeriums. Eine mehrfach erwogene vollständige Übertragung der Bankenaufsicht an die Bundesbank scheiterte stets daran, dass die Bundesbank ihre Unabhängigkeit gefährdet sah, wenn sie im Hinblick auf ihre Tätigkeit im Rahmen der Bankenaufsicht dem Finanzministerium unterstellt würde. Eine ähnliche Problematik stellt sich für die EZB. In den Statuten ist festgelegt, dass die EZB ähnlich wie die Bundesbank unabhängig ist. Für eine Ausübung der Bankenaufsicht wäre jedoch eine demokratisch legitimierte Kontrolle notwendig. Dieses Problem ist bislang noch nicht gelöst worden.

Autorinnen und Autoren

Axel Berger ist wissenschaftlicher Mitarbeiter in der Abteilung Weltwirtschaft und Entwicklungsfinanzierung des Deutschen Instituts für Entwicklungspolitik (DIE) in Bonn. Er beschäftigt sich mit den Veränderungen im globalen Investitionsregime mit Fokus auf Schwellen- und Entwicklungsländer. Seine aktuellen Forschungsschwerpunkte sind die Diffusionsmuster und Entwicklungsauswirkungen von internationalen Investitionsabkommen.

Prof. Dr. Thomas Hartmann-Wendels ist Direktor des Seminars für Allgemeine Betriebswirtschaftslehre und Bankbetriebslehre an der Universität zu Köln, geschäftsführender Direktor des Instituts für Bankwirtschaft und Bankrecht an der Universität zu Köln und geschäftsführender Direktor des Forschungsinstituts für Leasing an der Universität zu Köln.

Nicolas Kreibich hat an der Universität zu Köln Regionalwissenschaften Lateinamerika mit dem Schwerpunkt Politikwissenschaften studiert und ist wissenschaftlicher Mitarbeiter in der Arbeitsgruppe Energie-, Verkehrs- und Klimapolitik des Wuppertal Instituts für Klima, Umwelt, Energie GmbH. Schwerpunkte seiner Arbeit sind die Ausgestaltung von Instrumenten der internationalen Klimapolitik, die internationalen Klimaverhandlungen sowie soziale und ökologische Folgen von Klimaschutz- und Anpassungsmaßnahmen.

Daniela Kress ist Diplom-Regionalwissenschaftlerin (Lateinamerika). Sie war studentische Mitarbeiterin am Lehrstuhl für Internationale Politik und Außenpolitik der Universität zu Köln und arbeitete nach ihrem Studium als freie Redakteurin der Zeitschrift für Außen- und Sicherheitspolitik. Seit 2012 ist sie Projektleiterin für Afrika beim Senior Experten Service in Bonn.

Prof. Dr. Dirk Messner ist Direktor des Deutschen Instituts für Entwicklungspolitik (DIE) in Bonn, Co-Direktor des Käte Hamburger Kolleg / Centre for Global Cooperation Research (KHK/GCR) an der Universität Duisburg-Essen, stellvertretender Vorsitzender des Wissenschaftlichen Beirates der Bundesregierung Globale Umweltveränderungen (WGBU), Mitglied des *China Council on Global Cooperation on Development and Environment*, der *Global Knowledge Advisory Commission* der Weltbank und des *Scientific Advisory Board for EU Development Policy* der Europäischen Union.

Dr. Carmen Richerzhagen ist wissenschaftliche Mitarbeiterin in der Abteilung Umweltpolitik und Ressourcenmanagement des Deutschen Instituts für Entwicklungspolitik (DIE) in Bonn. Sie arbeitet zu den Themen Internationale Umweltpolitik (insbesondere Klima- und Biodiversitätspolitik), Zahlungen für Ökosystemleistungen und Globale Entwicklungsagenda (Post-2015).

The manufacturer's authorised representative in the EU is Springer Nature Customer Service Centre GmbH, Europaplatz 3, 69115 Heidelberg, Germany. If you have any concerns regarding our products, please contact ProductSafety@springernature.com

Printed and bound by CPI Group (UK) Ltd, Croydon, CR0 4YY

25/03/2026

02078189-0012